AI倫理

人工知能は「責任」をとれるのか

西垣 通
東京大学名誉教授

河島茂生
青山学院女子短期大学准教授

667
中公新書ラクレ

まえがき

テレビをつけるとＡＩ（Artificial Intelligence／人工知能）の紹介番組をやっていた。近ごろこの類の番組やニュースはとても多く、ぼんやり観ているだけでもなかなか面白い。扱われるトピックスは自動運転である。

人間のドライバーのかわりに、クルマがひとりでにハンドルを回し、アクセルやブレーキを操作して運転してくれればまことに便利だ。老境にはいった私にとっても朗報である。安全性も高まり、交通事故もへるだろう。何しろ人間には眼が二つしかないけれど、自動運転車（self-driving car）には周囲環境を認知するセンサーが四方八方についている。気が散る心配もない。さらに、ＡＩは膨大なデータを吸収して学習していくから、どんどん賢くなり、運転操作の精度を増すように進化していくだろう。過疎地の高齢者にとって、自動運転車の普及は死活問題である。公共交通機関が衰退していく地方で、自動運転が救いになることは間違いない。

さらに、自動運転にかんするさまざまな技術革新は、自動車メーカーにとって画期的なものだ。日本経済の基幹部分は自動車産業だから、経済成長の起動力にもなるだろう。

……テレビをながめていると、そんな楽観的な考えがつぎつぎに湧いてくる。これも深層強化学習というＡＩの新技術開発の成果らしい。とすればＡＩがひらく二一世紀の未来は明るいと、誰しも思うのではないか。

しかし一方、四〇年もＡＩの盛衰をながめてきた私から見ると、かならずしもそうとは言いきれないのである。

実用化の前に、自動運転ＡＩは入念なチェックとトレーニングを重ねるだろうし、また学習の効果として操作の正確さが増していくのは事実だ。だがそれはあくまで周囲環境が安定している、という条件下においてである。たとえば突然、大型の台風や豪雪などで道路状況が激変したら、自動運転車が誤作動し暴走する恐れはないのだろうか。人間のドライバーなら何とか特殊状況に対応して退避行動をとることができるが、ＡＩは未知の状況のもとでいかに作動するか予測不能である。積み重ねた学習がかえって固着した操作をもたらし、柔軟な対応が不可能になるかもしれない。巨大な重い金属の塊が人々をなぎ倒しながら疾走する、という悪夢が起きないと言いきれるだろうか。仮にそういう悪夢が起きたとき、いったい誰が責任をとるのか。もはやドライバーはいない。責任を負うのは、自動運転車の使用者か、設計者か、あるいはメーカーの経営者か。この種の事故には多数の人物が関与するので、下手をすると誰一人責任をとらないだろう。

自動運転にかぎらず、AIを社会で実稼働させるときはまず、その作動の仕方をいかに規制すべきか、という倫理的かつ法的な問題を解決しなくてはならない。とかく経済効果やビジネスへの配慮が先行して倫理的考察は後回しにされがちだが、自然環境汚染をはじめ、技術進歩が途方もない悲劇をもたらした事例は数かぎりなくあるのだ。

さらにここで、AI特有の深遠な問題があらわれる。それは、人間ではなく機械（AI）が、あたかも疑似的な人格をもったように倫理的判断を下せるのか、という問題である。

一般にAIは「自律型機械」だと思われている。海外には、AIロボットを「電子人間」として認めようという議論さえあるようだ。自動運転車で言えば、みずからの判断で次に起こる事態を予測し、事故を回避しつつ目的地までたどりつくと考える人も多い。

たとえば、前方に突如、子供が飛び出してきたとする。避けようとハンドルを切れば、対向車に正面衝突してしまう。このとき、人間のドライバーならその瞬間、咄嗟の判断で行動し、結果にたいして責任を負うだろう。一方、自動運転車の場合は、どんな事態にはどう対応するかが前もって決まっている。もし、ＡＩが「自律型機械」であるとすれば、明示的な倫理基準の遵守がもとめられることになるため、自動運転車もあらかじめ、何らかの倫理基準にもとづいてどうするかを決定済みでなくてはならない。

とはいえ、である。ＡＩといっても所詮は、設計者のプログラム通りに作動する機械にすぎない。いったい機械に倫理的判断などできるのだろうか。倫理的判断というのは、基本的に人間の共感によって支えられている。身体をもたないＡＩに共感能力などもとめるのは無理だ、というのが常識ではないのか。

だが問題はなかなか複雑なのだ。たとえば有名なシンギュラリティ（技術的特異点）仮説というものがある。二〇四五年ころに、ＡＩの能力が人間をしのぎ、人間よりも正確で賢明な判断を下せるようになる、という大胆な仮説である。考えてみると、われわれ人間の思考判断も、一千億個ほどの脳細胞のネットワークにもとづいて実行されている。ＡＩの深層学習モデルはこれを模擬しているのだが、ハード／ソフトの進歩発展は速い。やがてコンピュータの能力が人間の脳を凌駕し、論理だけでなく共感をふくむ情動さえも包含する、という主張もあながち否定できない。

バイオ科学が人間の脳の仕組みを分析し、ＡＩがそれを模擬するなら、いずれＡＩが人間より賢明になるというＳＦ（サイエンス・フィクション）的予言も説得性をもちはじめる。技術進歩とともに、人間のほうが、自らの判断よりＡＩのデータ分析を信頼するようになるかもしれない。すると、大部分の人々は無用者階級として機械の奴隷におちぶれる。そして彼らを、ごく一部のエリートが「神の人（ホモ・デウス）」として支配する、という地獄の未来が近々やってくるのだろうか……。

いや、諦めるのはまだ早い。問われているのは「そもそも人間の主体的判断とは何か」なのだ。まず、ＡＩが「自律型機械」だというのは本当だろうか。軽々しくそういう宣伝文句を信じる前に、自律性とは何かを正面から深く洞察しなくてはならない。

自律性とは元来、生物だけに許される特質ではないのか。生物は時々刻々、自分で自分を創り変えながら生存している。ここがポイントだ。人間のつくったプログラム通りに作動するＡＩは所詮、他律型機械にすぎないから、自由意思とも責任とも無関係なはずなのである。それなのになぜ、ＡＩは自律型機械のように見えるのか――ここに解くべき謎がある。

こういった問題を根本から考えないかぎり、ＡＩ時代の倫理などをきちんと語ることはできない。いま政府はＡＩに関する基本原則を議論しているようだが、具体的な諸方針を打ちだす前に、とりくむべき課題は多いのではないだろうか。

むろん、自動運転などＡＩの諸応用分野において、法制度の整備をはじめ実践的検討も大切である。だが、その基層をなす倫理や道徳といったテーマを避けていては、健全なＡＩ社会を構築することなどできないだろう。例によって欧米の下した結論を鵜呑みにするだけでは、あまりにお粗末だ。

本書では、以上のような問題意識にもとづいて、ＡＩ倫理の基本的なとらえ方を分かりやすく整理してみた。倫理観のベースとなる社会的正義の理念から検討をおこなうが、哲学的な議論にとどまらず、自動運転／監視選別／ＡＩ創作といったトピックスについて、現実の動向をふまえて議論を展開した。なかなか困難な試みだったが、やりがいのある挑戦だったというのが正直な感想である。

なお本書は、基礎情報学の研究者である、河島茂生と私の共同作業の成果である。私は一九八〇年代からＡＩをウォッチしてきたが、河島はＡＩ倫理の現状について豊富な知識をもつ若手専門家である。具体的には、第一部理論編を私、第二部応用編を河島がそれぞれ担当した。ただし、応用編の各章後半の論点のまとめは私がおこなった。河島の担当部分は、ＪＳＰＳ科研費１７Ｋ１２８００の助成を受けたものである。巻末に記した注／参考文献も、読者の参考になりやすいように、一般向けの邦文（邦訳）文献を中心とした。

最後に、辛抱強く本書の企画を進めてくださった中公新書ラクレ編集部の木佐貫治彦さんに、深い感謝をささげたい。

二〇一九年夏

西垣　通

目次

ＡＩ倫理

人工知能は「責任」をとれるのか

第一部　〈理論編〉情報倫理からＡＩ倫理へ

第一章　ＡＩ倫理とは何か

いまなぜＡＩ倫理なのか？

演繹推論の自動化

二〇一〇年代半ばからＡＩ（人工知能）の評判はとてつもなく上がってきており、このブームは当分続きそうである。

この国だけではない。欧米をはじめどの先進国でも、経済成長の切り札だと見なされている。というのは、インターネットのおかげで世界中の膨大なデータが利用可能になったからだ。ＡＩとは、一言でいえば、このビッグデータを上手に活用するための技術なのである。

だからこそ、今どうしても、ＡＩの倫理的な側面をクローズアップしなくてはならない。ＡＩが人間にかわってクルマの運転をしたり、新卒社員の採用を決定したりするなら、倫理や道徳、責任などについてたくさんの現実的な問題が出てくるのは当たり前だろう。すでに内閣府や総務省など政府機関はＡＩのあり方について取り組んでいるし、海外ではＦＬＩ（Future of Life Institute）はじめ幾つものＮＰＯ法人の活動が注目を集めている。国内外の工学系諸学会（ＡＣＭ、ＩＥＥＥ、情報処理学会、人工知能学会など）もＡＩ倫理への関心は高いようだ。しかしそれらの報告書の多くは、有益ではあるものの、検討すべき諸項目を列挙している段階だという印象をあたえる。

率直にいって、まだ問題は十分に整理されてはいない。それどころか、根本的な議論はほとんどなされていないのが実状なのだ。

ＡＩ倫理を真剣に問いかけるためにはまず、いわゆるＡＩブームの歴史について振り返ってみなくてはならない。なぜなら、現在ブームとなっているＡＩには、これまでのＡＩとは明らかに異なる特徴があるからだ。逆にいえば、これまでのＡＩブームでは倫理を問う必要性は低かったのだが、今回のブームは事情が大きく異なるのである。

現在はＡＩの第三次ブームである。第一次は一九五〇～六〇年代、第二次は一九八〇年代に起こった。コンピュータが発明された直後に第一次ブームが起きたのだが、これは、コンピュータが高速論理操作をおこなう機械である点を考えると、当然の成り行きだったと言っていい。「AI（Artificial Intelligence）」という言葉は一九五六年に米国で開かれたダートマス会議ではじめて用いられたのだが、そのイメージはいわば、人間の思考を自動的に実行する機械といったものである。

ただしここでいう「思考」とは、論理的な演繹推論のことだ。つまり、記号（0と1のデジタル二値符号）で表される論理的な命題を、推論プログラムにしたがって操作し、結論命題を導くことが「思考」と見なされたのである。

演繹推論の例として誰しも思いつくのは、大前提「人間は死ぬ」と小前提「ソクラテスは人間だ」から結論「ソクラテスは死ぬ」を導くといった論理操作だ。前提の内容が正しく設定されていれば、そこには誤りが紛れこむ恐れはまったくない。得られた結果は絶対に正しいのである。

ブール代数というものがあって、論理的な推論は、0と1の二値符号を使った「計算」で実行できることが知られている。ブール代数にもとづき、人間の正確な論理的思考を「AND（かつ）とOR（または）とNOT（でない）を組み合わせた一種の計算」

と見なして高速実行するのがデジタル・コンピュータという機械なのだ(1)。人間の思考がすべて演繹推論だと仮定すると、それはコンピュータにも実行可能であり、したがってAIが出現するという理屈になる。第一次ブームはこうして起きたのである。

当初、思考の例題として選ばれたのは、簡単なパズルやゲームだった。それらは人間のおこなう論理的思考の典型例に他ならない。これらの多くは有限の状態のあいだを次々に遷移していくものだが、AIのプログラムが現在の状態から最終状態(正解をえた状態/勝利がきまった状態)へたどりつく経路をしらみつぶしに調べていき、最短経路を発見できれば、それでAIが問題を解決し勝ったことになる。囲碁や将棋ではこの経路がとてつもなく多いので面倒な工夫が必要となるが、簡単なパズルやゲームなら、AIは確かに「思考」したと見なされた。

とはいえ、現実社会の問題解決にこのAIを適用しようとすれば、たちまち壁に突き当たってしまう。現実の大半の問題ははるかに複雑で、機械的な論理操作だけでは片づかないからである。

たとえばフランス語の文章を英語に自動的に翻訳する機械翻訳を考えよう。少し踏み込んでみると、文法規則には例外も多いし、一つの単語が複数の意味をもつ多義語が頻出する。正確な翻訳など簡単にはできそうにない。

こうしてAIは、玩具問題（toy problem）、つまり簡単なルールにもとづく小さな限られた世界の問題の解決にしか役立たないということになり、第一次ブームはあっけなく挫折してしまった。ただし、この失敗の影響は日本には及ばなかった。当時の日本にはコンピュータそのものがほとんど無かったからである。

知識を活用する

応用範囲を広げて、玩具問題だけでなく実用的な問題にAI技術を活用しようとしたのが一九八〇年代の第二次ブームである。その代表はスタンフォード大学のエドワード・ファイゲンバウムが提唱したエキスパート・システムだった。これは、AIに法律家や医者など専門知識をもつエキスパートの代わりをさせようというもので、一時はエキスパートが早晩失業するだろうという予測さえ巷に流れ、大いに人々の期待を集めた。

確かに、知識（knowledge）は人間の社会的活動の鍵をにぎっている。知識をあらわす命題を組み合わせ、推論して結論を導いているのがエキスパートだと考えることもできる。とすれば、関連のある命題をAIに高速で探索させ、自動的に演繹推論をさせようという発想が出てくるのも不思議ではない。たとえば、患者の発熱や発疹といった症状を入力し、可能性のある病気を診断する、といったことだ。

しかし、知識に注目した第二次ブームのＡＩは致命的な欠陥をかかえていた。なぜなら、人間の大半の知識は厳密な形式をそなえた論理命題というより、多分に曖昧さをふくんでいるからである。これはいわゆる社会常識にかぎらず、エキスパートの専門知識でも例外ではない。

たとえば、患者がいくつかの症状を示したといって、医者が病名を一〇〇パーセント論理的に確定できることなどほとんどない。経験データにもとづき、総合的に推測を重ねていくのが普通であり、だから誤診も生まれるのだ。法的推論にしてもまったく同じである。対象となる事件をいかに解釈するかという自由度つまり曖昧さがあるからこそ、長期にわたる裁判がおこなわれているのである。

知識をあらわす命題群に曖昧さが含まれていれば、これらを自動的に組み合わせて高速で結論を出したところで、結論が正確だという保証はまったくないのだ。

ある命題が成立する確率を統計的にもとめ、「信頼度（confidence）」といった指標を張り付けて結論の信頼性を保証しようという試みもあった。だがこのとき、正確な演繹推論という前提が崩れるので、実用上の難点はほとんど解決されない。血液性感染症診断用のエキスパート・システム「MYCIN」はかなり精度のよい診断をしたのだが、実用には供されなかった。誤診したときの責任問題に突き当たったからである。

医療診断や法的推論についての責任問題は誰でも思い当たるが、機械翻訳についても高い実用性は得られなかった。人間とちがって文脈にもとづく意味を理解できないため、AIには的確な翻訳文を出力することが非常に難しかったのである。こうして、九〇年代になるとAIへの期待は急速に衰えていった[2]。

医者や法律家など人間のエキスパートが失業するという予測ははずれた。現在も稼働しているエキスパート・システムもあるが、それは、ある程度の誤りが許容されるような応用に限られている。

ところで、第一次ブームと異なり、一九八〇年代の第二次ブームにおいて日本のコンピュータ研究開発陣は海外から注目をあつめ、特筆される役割を演じた。

当時の日本経済は絶頂期にあり、AI研究開発でも主導的な活動が求められていた。その熱い思いが結実したのが、一九八二年開始の国策十年計画プロジェクト「第五世代コンピュータ開発」である。これこそ、経済産業省（当時は通商産業省）のリードで産官学の第一線の研究者を動員し、五〇〇〜六〇〇億円（現在なら数千億円）の巨費を投じておこなわれた、日本コンピュータ産業史上最大のプロジェクトに他ならない。その目的は高速の推論をおこなう並列推論マシンの研究開発であり、技術的にはみごとに成功をおさめた(3)。

にもかかわらず、せっかくの並列推論マシンはまったく実用に供されずに終わった。真の新世代コンピュータとは安価なパソコンとそれを結んだインターネットだったのである。

いったいなぜ、日本の第五世代コンピュータ開発プロジェクトは失敗したのだろうか。血税が無駄に投じられただけでなく、膨大な技術的努力が実質的に実を結ばなかった理由について、われわれはよく考えてみる必要がある。

筆者はスタンフォード大学留学から帰国後、日立の若手研究者として一時このプロジェクトに参加したので、いっそうこの思いが強い。だが残念ながら、プロジェクトを推進した首脳陣から根本的な反省の声は全く聞こえて来なかったのだ……。

かえりみれば、挫折した理由はきわめて簡単である。論理的な命題の意味内容そのものに曖昧さが含まれているので、いくら並列推論マシンで演繹推論の効率をあげたところで、得られる結論は信頼性を欠き、実社会ではあまり役に立たないのである。エキスパート・システムと同じ限界に突き当たったのだ。

　実社会で大切なのは、一つのコンピュータのなかで厳密な論理処理を猛スピードで実行することではない。むしろ、パソコンやインターネットを通じて人間の衆知を広く集め、問題を解決することだったのである。

統計データから推測する

　こうして第二次ブームは終了し、一九九〇年代からAI研究は冬の時代を迎えた。そして二〇一〇年代にはいって第三次ブームが訪れたのだが、ここでAIという概念自体に根本的な変化が生じた。このことを忘れてはならない。それは、「論理的厳密性（正確性）の放棄」である。

　すでに述べたように「思考」とは、論理的な演繹推論であり、それを自動的に実行するのが第一次ブームにおけるAIだった。だからこそ期待を集めたのである。だが現実には、論理的厳密性をもつ応用分野はパズルやゲームくらいしかない。そこで応用分野を広げて、専門知識に着目したのが第二次ブームのAIだったが、いかに体系的な専門知識でも曖昧さが含まれることから再び挫折してしまった。

しかし考えてみれば、われわれ人間は実社会で必ずしも論理的厳密性にこだわって活動しているわけではない。法律家も医者も、過去のデータから推測して判断するのが普通である。とすれば、ＡＩの出力する結論が「間違いはあってもだいたい合っている」なら、十分に人間のかわりをするではないか、という発想が出てくるだろう。つまり、インターネットなどに蓄積された多くのデータを高速処理し、コンピュータに統計的推測をさせれば、それも「思考機械」ではないか、というわけだ。楽観的なマスコミの報道からは読み取りにくいが、実はこういう発想転換が第三次ブームを引きおこしたのである。

第三次ブームをおこした技術の中核は、「深層学習（Deep Learning）」とよばれるパターン認識システムである。(4) 以前から画像や音声といったパターンの認識はコンピュータにとって不得手な分野だった。厳密な論理処理とは相性が悪い応用分野の典型といえる。成功した数少ない例として手書き数字を認識する郵便番号読み取りシステムが有名だが、これは少数の認識誤りが発生しても致命傷ではなく、全体として効率があがるからである。パターン認識の分野では、コンピュータが学習しながら認識能力を向上させていく場合が多く、この技術は機械学習（Machine Learning）とよばれている。

ところで、二〇一〇年代にはいって急速に注目をあびた深層学習は、機械学習によるパターン認識のコンペにおいて圧倒的な好成績をおさめた。その技術的理由とくに細部の工夫は専門的になるので省略するが、最大のポイントは、近年のコンピュータ処理能力の向上だったといっても過言ではない。

実は深層学習に類する技術は「ニューラルネット・モデル（コネクショニズム・モデル）」と呼ばれ、第二次ブームのときから実験的に研究されていたし、さらにその技術的祖型は第一次ブームのとき既に提案されていたのである。これは、人間の脳の構造をコンピュータで模擬した人工細胞の層からなるモデルであり、それゆえ思考機械のモデルとして興味を集めていたが、効率が悪すぎて実用に適さなかったのだ。

現在の深層学習は、ハード／ソフト両面の技術改善により、画像や音声などのパターン認識において実用のレベルに達したといってよい。ただし、研究者の中には、これによってAIが人間のような認識能力をもったと主張する者もいるが、それは誇大宣伝である。理論的にいうと深層学習は単なる統計計算をおこなっているだけだ。人間の脳神経系の動作は、なお未知の部分が大きい。むしろここで強調すべきは、第三次ブームの

AIの出力が論理的な厳密さをもっておらず誤りから逃れられない、という点である。つまり、必ずしも正確無比で一〇〇パーセント信頼できるとは言えないのだ。これは、当初のAIの目的からの大きな逸脱といえるだろう。

AIは演繹推論を高速でおこない、無謬の正解をあたえる機能をもつもののはずだった。だが今や、応用面は拡大したものの、誤りを許容することになってしまったのである[5]。

たとえば、第一次や第二次ブームのとき実用化の難しかった機械翻訳は現在、かなり広く使用されている。インターネット上で英語テキストの日本語訳を目にすることも少なくない。だが多くの訳文はどこか不自然で、明らかな誤訳も散見される。これは当然のことだろう。なぜなら、AIが英文テキストの「意味」を正確に理解しているわけではなく、基本的には、膨大な用例(コーパス)から原文と訳文のペアを検索し、最大頻度の訳文を出力しているに過ぎないからだ。つまり統計処理をおこなって確率の高い訳文を出力しているのである。

さて、論理的無謬性を放棄したからといって、ビッグデータにもとづいて統計的推測をおこなう現在のAIを頭から非難してはならない。人間も過去の経験やデータにもとづいて同じような推測をおこなっているではないか。むしろ大量データの高速統計処理は望ましいとも考えられる。

とはいえ、ＡＩが間違えること、さらにその能力の限界について、われわれはよく理解する必要がある。たとえば機械翻訳が有効なのは、日常的に使用される比較的簡単な文章にかぎられ、複雑で重層的な意味をもつ込み入った文脈の長文には、ほとんど効果が期待できない。これは統計的に明らかなことである。難解な外交文書の扱いを機械翻訳だけに委ねれば、深刻な国際問題が生じるだろう。

このように、ＡＩが多くの誤りをもたらしうることが、ＡＩの倫理的側面がクローズアップされてくる最大の原因である。誤りの責任を誰が負うかが問われてくるからだ。もし、過去の無謬神話にもとづいてＡＩをむやみに乱用すれば、途方もない社会的混乱が起きる。言い換えれば、「間違えるＡＩ」という前提にもとづき、誤りが生じたときの責任などの倫理的問題を解決しないかぎり、現在のＡＩは実際上、使い物にはならないのである。

ＡＩ倫理を問いかける理由は以上のようなものだ。

さて、これを論ずるためにはまず、倫理や道徳とはそもそも何か、から始めなくてはならない。この国では議論の骨格を明確にしないまま、自動運転など具体的問題の細かい対応をいそぐ傾向があるが、一時しのぎでは結局のところ、時間とエネルギーの浪費に終わるだろう。

いうまでもなく、倫理や道徳は、洋の東西を問わず太古からどこの人間社会でもあったはずだ。人間は共同体をつくって生活する社会的生物であり、そこでは、各自の利害を調整し対立を鎮め共同体を存続させていくための知恵として、倫理や道徳のような共通の正義が必ず求められるからである。明文化された規範や法律のベースをなす公共の価値観として倫理道徳を位置づけることもできるだろうし、正面から論じだすと際限がない。

そこで本書では、倫理道徳の長大な歴史をひもとくのではなく、AI倫理を論じるための最小限の整理をするにとどめる。端的には、次節で列挙するような、グローバリゼーション時代の公共哲学とみなされる近代的な倫理思想に注目することにしよう。

近代の倫理学

功利主義

近代的な正義をあらわす倫理思想として、次の四つをあげることができる。功利主義（utilitarianism）、自由平等主義（liberal egalitarianism）、自由至上主義（libertarianism）、共同体主義（communitarianism）だ。米国流の分類ではあるが、ＡＩやインターネットの出自を考えると、それほど不自然とは言えない。

なお、自由平等主義と自由至上主義をまとめて自由主義（liberalism）とよび、三分類する考え方もあるが、両者はかなり異なる内容をもっているので、混乱をふせぐために本書では四分類とし、自由平等主義者をリベラリストとよぶことにする（倫理思想の位置づけについて詳しくは、拙著『ネット社会の「正義」とは何か』第三～四章を参照[6]）。

功利主義は「最大多数の最大幸福」という有名なフレーズで知られている。この言葉を発したのは、一八～一九世紀の英国の哲学者であり、功利主義の創始者であるジェレミー・ベンサムである[7]。

まず注意が必要なのは、ここでいう功利主義とは、もっぱら自分の個人的な功績や利益の追求を第一とする利己主義とは全然ちがうということだ。むしろ、それは共同体の集団的な価値の最大化をめざしている。「最大幸福」というのは、共同体メンバーの幸福度の総和といった意味にほかならない。

幸福度とはいったい何か、幸福の程度を測れるのか、という疑問の声があがるかもしれないが、いちばん分かりやすい例は、多数決で何かを決めるといった場合である。数名のグループ旅行で観光スポットに立ち寄るとき、時間をかけて低料金のバスで遠回りするか、お金はかかってもタクシーで直行するか、いずれかの選択に幹事が迷うとしよう。メンバー全員に挙手してもらい、多いほうを選ぶのが功利主義的な考え方である。高いタクシー代を払うのが苦痛な人もいるし、お金を払っても観光に時間をかけることが快楽だという人もいて、それぞれの個人的な幸福度が投票の挙手に集約される。だから投票結果にしたがうのが、グループ全体の幸福度を高めるはずなのだ。このように、いわゆる民主的な決定は、多くの場合、功利主義にもとづいていると考えられる。

ここで、「最大多数」とは何かといえば、それは共同体のメンバーを平等にあつかうということである。たとえば大昔の王国なら、王様や貴族の快楽が平民の快楽より重視されていた。つまり王国のメンバーだから誰でもひとしく一人一票というわけにはいかない。集団の幸福度を算出するとき、構成メンバーのあいだに重みの区別をつけないというのは、封建時代にはない近代的な正義であり価値観である。さらに、幸福度を最大化するという発想には、啓蒙時代特有の合理的、数理的な精神が反映されている。

こういう近代の合理主義は、むろん二一世紀の今日まで受け継がれている。何か政策的な決定をくだすとき、執行機関が人々を説得し正当性を主張するために官庁や企業でよくおこなわれている費用効果分析は、あきらかに功利主義的発想にもとづくものだ。

これは、ある政策をとることが集団にたいして結果的にもたらす便益つまりプラス効果と、そのために必要な費用（コスト）を分析し、その比率を最大にするのが正しい選択だ、という考え方である。たとえば、川沿いにある村落全体の福利を向上させるために、村役場の担当者が、村の近くに新しく橋をかけるか、それとも隣村の既設の橋まで迂回する自動車道路を敷設するかを選択するときには、事前の調査として費用効果分析をおこなうことになる。比率が高い方を選ぶのが、村民全体にとって「正しい」選択というわけだ。

ここで二つのことを指摘しておこう。第一に、功利主義はいわゆる「帰結主義（consequentialism）」の一種である。つまり、倫理的判断の正しさは、選択行動を実行するときではなく、その選択がもたらした帰結（結果）に応じて、事後に定まるのである。だから誤った判断になる可能性もある。

村役場の担当者は事前に費用と便益をいろいろ算定するわけだが、当然、予測は一〇〇パーセント正確ではない。倫理というのは決断の時点での根拠をあたえるものだとすれば、帰結主義は倫理として不適切だという批判もできるだろう。とはいえ、やむをえないという反論もできる。人間にとって厳密な未来予測は不可能なのだから、合理的なのはせいぜい、できるだけ正確な予測のもとに行動すること以外にはない。こうして、現代のほとんどの公的選択において、実際には、功利主義的な分析が多用されているのである。

しかし、功利主義にかかわる第二の点は、倫理として致命的な欠陥となりうる。それは、功利主義が個人の権利や利害ではなくあくまで集団の利害を優先させる、ということだ。むろん、功利主義自体は集団の意思決定ばかりではなく、個人の意思決定にかかわる基準にもなるのだが、そのときも個人は自分の属する集団の利害を優先させるのである。したがって、個人が犠牲になることも無いではない。

たとえば、費用効果分析によれば、新たな橋の建設より迂回する自動車道路の敷設のほうがずっと望ましいとしても、そのために村民のいくつかの家屋を潰さなくてはならないこともある。たとえ古い陋屋《ろうおく》でも、居住者にとっては掛けがえのない思い出がつまった家なのだ。村全体の福利につながるからといって、個人の基本的な権利を踏みにじってよいのか。すべての選択において功利主義を徹底すると、「会社を潰さないために従業員は倒れるまで働くべきだ」という判断すら倫理的と見なされかねない。

要するに、あくまで個人の基本的権利を守ることが正義だと考えれば、功利主義はのぞましい倫理道徳となりえないのである。

自由平等主義

自由平等主義のアプローチは、功利主義とは全然ちがう。そこでは功利主義のもつ二つの問題点は消失する。基本的枠組みをつくったのは、一八世紀の大哲学者イマヌエル・カントに他ならない。ベンサムより二〇～三〇年ほど前の人物だが、近代哲学の鼻祖であり、その倫理思想はいまでも多くの人々からすぐれた道徳観と見なされている。

カントの流れをつぐ現代倫理思想家の代表は、功利主義を批判したジョン・ロールズで、米国民主党の政策はロールズ公共哲学の強い影響のもとにあるといってもよい[8]。

カントの倫理思想は義務論である。選択肢のいずれかを選ぶとき、それが事後にもたらす結果より、決定する時点で主体が「こうすべきだ」という内発的な意図や義務感が大切なのだ。逆にいえば、意図さえ正しければ、実際の選択の結果、仮に不都合がおこってても仕方がないということにもなる。倫理的判断は決定時点でくだされるので、事後の帰結にもとづく功利主義に特有の第一の問題はおこらない。さらに、中心となるのは集団の利害よりは人格をもつ個人の利害であり、基本的な権利である。それゆえ功利主義の第二の問題も払拭されてしまうのである。

カントの倫理思想でもっともよく知られているのは、いわゆる「定言命法」、つまり行動の選択に際して無条件に「〜すべし」と規定するという点だ。よくある「仮言命法」というのは「〜なら、〜すべし」という条件をつけるもので、たとえば「お金をもうけたいなら、美容整形医になるべし」といった規定である。だが、カントはこれを否定する。なぜなら、「美容整形医になる」という選択肢が「お金をもうける」という「目的」の「手段」となっているからだ。

カントによれば、人間は「目的」として扱われるべきであり、「手段」として扱うことは正義ではない。あくまで「患者さんを美しくする」という究極の倫理的善性に照らして、はじめて美容整形医になることが正当化されるのだ。この例は悪徳医師の偽善的な宣伝文句を連想させるかもしれないが、「絶対に人を殺してはならない」という無条件の規定なら賛同する人は多いだろう。こうして、「殿をお守りするためにお前たちは命を捨てよ」といった封建時代の倫理は捨てられる。いま国際的にひろがっている死刑廃止の議論を根底で支えるのも、カントの倫理思想なのだ。

カントにとって、人格をもつ個人は特別な存在に他ならない。なぜなら、個々の人間は理性をもっており、合理的に選択肢それぞれの価値を比較し、正しく判断することのできる「道徳的主体（moral agent）」であるからだ。

岩石などの自然物や、人間以外の生物にはそんな能力はないとカントは考えた。自由に選択をおこなう道徳的主体はかけがえのない存在であり、その権利（選択の自由）は尊重されなくてはならない。道徳的主体である人間を「手段」として使用し、その自由をむやみに侵害することはゆるされないのである。

こうして「基本的人権（basic human rights）」という倫理的概念があらわれる。基本的人権の尊重は、奴隷制をみとめる古代中世の貴族制社会とは異なり、近代国家の根幹をささえる倫理思想であることは周知のとおりだ。近代人は人権をもっており、自由な選択ができるからこそ、その行動について責任を問われるのである。

人間を「理性をもつ特別な存在」とみなす思想の淵源はキリスト教とギリシア哲学で

あり、人間のはるか上位には絶対的な秩序（ロゴス）をもつ神が君臨している。そして動植物はその下位階層に位置づけられる。カントの思想は、この伝統的な秩序概念を近代的に組み立て直したものといってよい。だが基本的人権は、欧米のキリスト教国のみならず、今や大半の国々でみとめられつつあり、その意味ではグローバルな倫理思想になっているのだ。日本でも、いわゆるリベラリストの多くはこういう考え方にしたがっている。

とはいえ、このようなカント流の倫理思想に対する反論もないではない。まず、人類中心主義（anthropocentrism）は、多様な動植物がかたちづくる生態系を重んじる現代の環境倫理学から見れば、独善的なものと映るだろう。そこでは人間は、多様な動植物とある意味で対等であり、バランスのとれた共生関係をむすぶべきだと考えられるからである。

次に、功利主義からの反論も考えられる。個人の権利を擁護することは、しばしば集団の利益をそこなう場合もあるからだ。残酷な蛮行によって共同体メンバーに脅威をあたえる犯罪者であっても、その基本的人権をあくまで守ろうとすれば、罪もない被害者が続出する可能性もある。これが日本では死刑が廃止されない一因となっているのである。これらの点については後述することにしよう。

自由至上主義

義務論に発する近代的な倫理思想が、現代社会において代表的なものであることは間違いない。近代の基本的人権のなかには、命を奪われないことの他にも、私有財産を奪われないこととか、表現の自由とか、思想信条の自由とか、教育を受ける権利とか、平等に政治に参加する自由とか、職業を選ぶ自由などいろいろあるが、これらの各々の自由を正面から否定することは難しいだろう。

ここで、個人が財産を所有し自由に使用できるという権利はとくに注意を要する。なぜなら、そこから自由平等主義と異なる自由至上主義の主張が出現するからだ。代表的な主張者はロバート・ノージックであり、その議論は米国共和党だけでなく、国家からの干渉をきらうインターネット・グローバリズムの信奉者によって近年、広く支持されつつある。(9)

自由至上主義者はリバタリアンと呼ばれるが、その鼻祖は、カントより一〇〇年ほど前に経験論哲学をとなえたジョン・ロックである。ロックは王権を否定し個人の平等性を重視した点で近代主義者といえるが、とくに個人の「所有」の概念を重要視した。つまり、王様だとか国家といった公権力が、勝手に個人の財産権をおかしてはならない、ということだ。むろん、個人は安全に生活するために消防とか警察といったサービスを公権力から受け、その対価を税金として支払うのだが、それは基本的に自分の所有する財貨を守ってもらうためなのである。公権力はそれ以外の点では個人への干渉を抑え、あくまで自由を尊重しなくてはならない。

個人が属する集団における「配分の問題」がここで浮上してくる。個人の能力や業績によらず、集団の財貨をメンバー全員に平等に配分するという共産主義的な考え方もありうるが、ここでは市場経済のもとで配分がおこなわれると仮定しよう。自由至上主義においては、公平な市場活動によって個人がえた財貨の所有権(処分権)が絶対のものとされる。したがって、リバタリアンは累進課税に反対する。個人が努力をかさね公正な市場活動をつうじてえた財貨が多いからといって、なぜ過大な税金をむしりとられるのか。リバタリアンにとって、国家をはじめとする共同体の主目的は、個人の安全や公正な市場の確保に限られるのである。

自由至上主義のもとでは、当然ながら経済格差が生じる。リバタリアンはむろん個人の基本的人権を尊重するが、経済格差は公正な競争の結果だから自助努力によって解決すべきだと考える。ここは自由平等主義との顕著な違いだ。リベラリストは、経済格差は人種差別など各種の要因によっても生じるので、公権力が介入して格差を是正する福利政策が望ましいと見なす。さもなければ、経済的な下流階層に属する個人は事実上、教育や医療などのサービスを受けられず、基本的権利を侵害されるというわけだ。具体的には、入試や就職において一部の人種を優遇したり、累進課税を実施して下流階層にもベーシック・インカムを保証したりする選択がリベラリストの正義だということになる。

自由至上主義と自由平等主義の対立は、集団内の財貨の移転だけにとどまらない。たとえば、自分の腎臓を売ることや売春をすることは、自由至上主義の倫理のもとではゆるされる。肉体は個人の所有物であり、財産なのだから、それを自由に処分できるという理屈なのだ。しかし、カントの議論によれば、人間の肉体を所有物（モノ）と見なすことはゆるされない。人格をささえる肉体は、金をもうける手段ではなく、尊厳をもつ目的として扱われなくてはならない。したがってリバタリアンは売春を個人の商行為として認めるが、リベラリストは反倫理的行為として却下するのである。

共同体主義

以上のべたように、近代社会における倫理思想として、これまでは集団の公共的利益を重視する功利主義と個人の基本的権利の尊重を旨とする自由平等主義の二つが主流だったが、そこへ国家を超えるグローバリゼーション時代の新たな倫理思想として個人的自由の最大化をめざす自由至上主義が支持を集めはじめた、という見取り図をかけるだろう。

だがここで、二〇世紀末になってあらたに、個人の属する集団の伝統的な共通善に注目する倫理思想が登場したことを忘れてはならない。この共同体主義を主張するコミュニタリアンの代表は、日本でも人気の高いマイケル・サンデルである。ロールズやノージックと同じく、サンデルも米国ハーバード大学に所属する公共哲学者であるのは興味深い[10]。

サンデルはロールズの議論への理論的批判で頭角をあらわしたが、むしろその議論の実効的な矛先はノージックの自由至上主義に向けられている。平たくいえば、ベトナム戦争以降に米国社会にひろまった「すべてを金で買える」というリバタリアンの露骨な拝金的態度、価値の金銭還元主義にたいする、伝統的モラリストからの強い反感を理論化したのであり、それによって人々から高い評価をうけているのだ[11]。

自由至上主義は個人の自由を尊重しているといいながら、事実上、富裕な人々の権利だけを守っているのではないか。貧しい人々の権利などほとんど無視されていると言えなくもない。お金持ちなら腎臓を売る必要はないし、売春もしないだろう。たしかに強制ではなく契約にもとづいた商行為のように見えるが、貧しい人々はやむをえず、自由や権利の一部を切り売りして生きているのが現状だ。高等教育もうけられず人脈もなければ、経済的格差を克服することは容易ではない。恵まれない人々への慈悲を重んじる伝統的な道徳や正義の観念からすると、自由至上主義の倫理思想に共感することは直観的に難しいのである。

伝統的な共同体の倫理とは、米国ではキリスト教道徳だが、サンデルはむしろプラトンやアリストテレスのギリシア哲学をふまえている。そこで指針となるのは、共同体のメンバーが共有する「共通善」にほかならない。

むろん、共通善（common good）とは何かを厳密に定義しようとすると簡単ではない。それは集団の統合的規範なのか、それとも個人的規範の一種の集積体なのかも問題となる。だが総じて、大昔からどの共同体においても、メンバーが守るべきさまざまな徳目があったことは確かだ。たとえば勇気、忠誠、慈悲、寛大、博愛、正直、誠実、勤勉、貞潔などである。むろん、近代的倫理思想としての共同体主義においては、単にこれらの徳目を並べるのではなく、その理論化・精緻化がめざされる。

ここで注目すべきは、徳目が自他の権利尊重という法制化しやすい客観的社会関係というより、むしろ、個人の内面のありかたに焦点をあわせていることだ。実際に選択される行為は内面的道徳観の表れと見なされるのである。

伝統的な共通善というのは古今東西、どの共同体にもある。昔の封建社会からつづいた日本の儒教道徳もその一つに他ならない。そこでは功利主義における集団内個人の数量的・民主的平等性はないし、自由平等主義/自由至上主義におけるような個人の基本的人権もみとめられていない。その意味では、せっかく近代社会の倫理思想を求めながら、身分制社会の道徳規範に立ち戻るのか、という批判が出てくる恐れはある。

サンデルらの主張する近代的な共同体主義は、むろんそんなものではない。近代社会の制度やルールを尊重した上で、共通善という美学を再評価する試みといえる。つまり、基本的人権の思想をふまえつつ、具体的な選択の場面において伝統的道徳観からの考察を加味した実践をおこなう、といったものになるだろう。

とはいえ、近代的共同体主義には根本的な弱点がある。昔ながらの共同体で墨守されるかつての倫理は、共同体ごとに細目が異なるのだが、それは個人にとって絶対的なものだった。つまり他の共同体の倫理は誤りとして否定されるのである。女性がベールをかぶり自動車を運転できないという道徳規範は、いかに他の共同体の倫理から不合理だと見えても、ある種のイスラム教の共同体に属する個人は守らなくてはならない。このことはグローバリゼーション時代の倫理思想として大きな問題点である。

そこで、近代的共同体主義は、多様な共同体におけるそれぞれの倫理規範を寛大に尊重せざるをえない。つまり、ある国では女性のドライブの自由を認めるが、別の国では女性に運転免許を与えない慣習を倫理的なものと見なす、といった次第となるわけだ。こうした倫理多元主義は、近代的共同体主義がそのままでは普遍的な倫理思想となりえないことを示している。

情報倫理とＡＩ

情報倫理・コンピュータ倫理

以上、近代的な倫理思想のおよその枠組みを整理してみた。それではＡＩ倫理はそこでどう位置づけられるのだろうか。この問題を考えるためにはまず、「情報倫理（information ethics）」なるものについてふれておかなくてはならない[12]。

情報倫理という言葉は、環境倫理や生命倫理などと同様に、二〇世紀末からかなりひろく用いられている。これは「コンピュータ倫理」と呼ばれることも少なくない。情報（information）という概念は、コンピュータを前提とした工学技術的な概念と見なされがちだからだ。実はこれは間違いである。遺伝情報という言葉が示すように、情報とは本来、「生命体にとって価値（意味）あるもの」であり、地球上に生命が発生したおよそ四〇億年前から存在している。たかだか七〇年ていどの歴史しかないコンピュータがあつかうデジタル情報はそのほんの一部にすぎないのだ。

少なくとも「情報将校」といった言葉はコンピュータと直接関係なく使用される軍事

用語だし、「情報産業」のなかに紙媒体の新聞雑誌も含まれることは明らかだろう。情報社会といわれながら、世間でつかわれる「情報」という概念は混乱している。そのことが専門家の議論にも悪影響をあたえている。とくにAI倫理を考察するとき、後述するように、情報概念は機械と生命をめぐる大きな論点になってくるのだ。

とはいえ、AIはコンピュータ技術の一環なので、AI倫理は情報倫理の一部だという常識的見方もできないわけではない。このとき情報倫理は、コンピュータという新技術の登場にともなって生じたさまざまな倫理的問題を扱うことになる。

とりわけ、近年のインターネットやスマートフォンの爆発的な普及にともなう社会的テーマが問われることが多い。それらは、上述の功利主義、自由平等主義、自由至上主義、共同体主義のいずれの観点から議論されているのだろうか。

——結論からいえば、情報倫理の諸問題は、まだ十分に整理された状況にはないのである。典型的な一例として、個人情報の収集とそのビジネス利用という問題をあげておこう。

今や、われわれの消費行動は大半がインターネットのなかに記憶され、個人のプロフィールも丸裸にされつつある。われわれがインターネットのどのサイトを眺めたか、オンライン・ショッピングでどんな商品を購買したか、どんな趣味があるか、休日にどんなレストランや劇場を訪れるか、さらにはどんな健康状態にあり、どんな交友関係をもっているかさえ、検索システムをベースに統計的に分析できる時代である。分析されたデータをもとに企業は個人むけの効率的な広告をおこない、たくみに欲望をかきたてたり逆に不安をあおったりして、さまざまな商品を買わせることができる。こういうビジネスは果たして倫理的にゆるされるのだろうか。

功利主義からすると、肯定的なとらえ方ができるだろう。個人は自分の趣味や特性におうじた品物やサービスを効率的に手にいれることができる。それぞれの満足度は増すはずだ。さらにそれは集団としての経済活動を活性化し、富を増大させることにもなる。だが、自由平等主義からすれば、かならずしも肯定することはできない。そこでは個人の自由な購買意思を尊重するというより、洗脳して売りつけるという傾向が目立つ。つまり、人間というものを、ただ利潤をえるための「手段」とみなしているのだ。自分で自らの生活を自由に設計していくためのプライバシーも守られていない。

一方、同じ自由主義でも、自由至上主義からは別の倫理的判断があらわれる。購買する個人は、単に商品やサービスについて供給者側からデータを提供されるだけで、最終的な決定権はあくまで消費者側にあり、購買を拒否することもできる。自分の特性データを供給者側に把握されることに関しても、それを拒否する方法や権限さえあれば、かならずしも悪いことではない。要するに、個人情報の収集とビジネス利用は、個人の自由を奪うというより、選択の幅を拡大するはたらきをもっている。だから肯定的な評価がくだされるだろう。

しかし、共同体主義からは逆に否定的な倫理的判断があらわれる。個人情報収集とビジネス利用のできる供給者は地域の多数の中小企業ではなく、国際規模の寡占企業である。それは富の独占をはかる。つまり、共同体でおもに対面でおこなわれていた伝統的な商業サービス活動は致命的な打撃をうけるだろう。共同体の経済的存立そのものが脅かされる恐れがあるのだ。

疑似人格の登場

このように、情報倫理という言葉はあっても、それによって明確な倫理的判断をくだせる基準があるとはいえない。現状ではせいぜい、コンピュータリゼーションやインターネットの普及にともなう倫理的問題を整理し、明示するにすぎないのである。だが、これについて論じるのは本書の直接の目的ではない。

ここではまず、情報倫理とAI倫理の相違について明確にしておこう。結論を先取りすれば、AI倫理は、コンピュータ技術をいかに利用するべきかという一般的な情報倫理の議論を、はるかに超えた論点をふくむのだ。

AIを単にコンピュータ技術の一種とみなす場合、AI倫理は情報倫理の一部をなすにすぎない。だが、実は両者には本質的な違いがある。なぜなら、AIという概念を「思考する主体」と直結する人々が多いからだ。

少なくとも現在、AIという言葉から、単なるコンピュータの応用技術の一部ではなく、「人間と同じ、いや人間を超えるような知性をもつ存在」というイメージが社会のなかに広まりつつあることは紛れもない事実だろう。肝心なのは、AI技術が用いられるとき、そこに「AIが疑似的な人格をもつ」という観念ないし幻想が滑り込んでくる、という点なのだ。

近代的倫理思想においては、功利主義、自由平等主義、自由至上主義、共同体主義のいずれにおいても、人格つまり道徳的主体が焦点となっている。

これは、人間のみが理性をもち、ゆえに行為の選択において道徳的判断をくだせる、というカント流の考えが下敷きになっているからだ。だから自由平等主義においては人格の意義は明瞭なのだが、そればかりではない。選択をおこなえる人格の自由を、所有を中心にかぎりなく拡大したのが自由至上主義である。さらに集団に着目する功利主義においても、幸福を追求する平等な個人の利害が正義の基本になっている。だから、そこには人格が仮定されている。そして、このことは、「人格があつまって共同体をつくっている」という伝統的な考え方をふまえた共同体主義においてもまったく同様なのだ。

要するに、「人格」という、道徳的判断をくだす主体が、近代倫理思想を組み立てる根幹をなしている。では、仮にそこにAIという疑似人格が導入されたとすると、いったい何がおきるのだろうか。

現在の第三次ブームのAIにおいては、以前の第一次や第二次ブームの場合とはちがって、AIの出力が論理的に無謬であるとは限らないことを前にのべた。そこでは、統計的推測にともなう誤りがかならず発生する。そして誤りの結果として、社会的損失が生じたり、人命が失われたりすることもある。自動運転ひとつとっても、これは明らかだろう。ではこのとき、責任は誰がとるのか。

従来の情報倫理の考え方では、コンピュータ（情報処理機械）が誤動作して事故がおきたとすると、そのシステムの設計開発や運用をおこなった人間、つまり機械自身ではなく機械を操る人格が責任を問われることになる。

いうまでもなく、機械に責任はとれそうにない。だがＡＩ倫理では、かならずしもそう単純に断言はできないのだ。

ＡＩロボットはしばしば「自律型機械（autonomous machine）」と見なされる。ＡＩロボットは自分で自分の行動を律しているように見えるので、そう形容されるのである。それなら、自律型機械は道徳的主体といえるのか。疑似人格として扱い、責任をとらせることができるのか。実際には機械に罰金をはらわせたり、刑務所にいれたりできないとすれば、いったい何が起きるのか。被害者は泣き寝入りさせられるのか。――こういった問題が、ＡＩ倫理における最大の焦点となってくるのである。

第二章　ＡＩロボットは人格をもつか

自律型機械は存在するか

ロボット三原則

ＡＩが疑似人格をもつとすると、自律性や責任というテーマが浮かび上がる。これを考える準備として、「ロボット三原則」についてふれておこう。この三原則さえあれば、ＡＩ倫理の問題は解決済みだという能天気な声もあるからだ。

ここで一言断っておかなくてはならないのは、ロボットとＡＩの関係である。通常「ロボット」は人体のような物理的なハードを備えており、「ＡＩ」は思考をつかさどる論理的なソフトという分類が普通だが、現在では大半のロボットが大なり小なりＡＩの知的機能を備えている。したがって、本書では以下、「ロボット」とはとくに断らなくても原則としてAIロボットのことだとする。

さて、ロボット三原則はよく知られている。二〇世紀に活躍したSF作家アイザック・アシモフが提唱したこの原則は、ロボットが守るべき次の三つから成り立っている。

①ロボットは人間に危害を加えてはならない。また、その危険を看過することによって、人間に危害を及ぼしてはならない。

②ロボットは人間に与えられた命令に服従しなくてはならない。ただし、与えられた命令が①に反する場合は、この限りではない。

③ロボットは、①および②に反するおそれのない限り自己を守らなければならない。

もし優先順位がなければ、①（加害禁止）②（命令服従）③（自己防御）の三原則は互いに矛盾するが、①→②→③の順に優先順位が低くなっているので、ひとまず矛盾は解決されている。何より人命優先で、その限りにおいて従順であり、さらにこれら二条件をみたす限りで壊れないようにする、というわけだ。多くのロボット工学者は、こういうアシモフの三原則のもとでロボットを設計しているのだろう。

　ただし、それで問題はなくなりはしない。

　まず軍事用ロボットの場合は①と②について事実上の困難が生じる。味方だけが「人間」で敵は「非人間」だと定義すればよいという意見もあるが、実際の戦場では、敵と味方の識別は困難である。さらに非戦闘員の識別はどうするのか。ゲリラ戦では、老人や子供が敵だったりすることも多い。この場合、ロボットはいかなる行動をすべきか、倫理的判断はきわめて難しくなる。さらに、軍事用ロボットではない通常のロボットであっても、②に関してより単純な問題ものこる。「人間の命令」に従えといっても、複数の矛盾した命令をうけとったら、ロボットはどうすればよいのか。いったい誰の、いかなる命令を優先させるべきなのか……。

　こういった倫理的判断は人間でもむろん難しい。だが、そういう局面ではじめて、単に指令にしたがうのではなく、自由意思による選択がおこなわれ、「道徳的主体」である「人格」が問われることになるのだ。指令された作動を形式的にこなすロボットに、いったいそんな選択や判断が期待できるのか。

自律性を問い直す

少し見方を変えてみよう。アシモフのロボット三原則は、冷静にながめると、自律型機械と称されるロボットにかぎらず家電製品やエレベータなど、多少なりとも自動的に作動する単機能の専用機械にも適用できる。つまり、三原則は、安全で（①）、便利で（②）、長持ちする（③）という、機械に求められる当たり前の特性にすぎないのだ。ただし、エレベータのような専用機械なら、人間から矛盾した複数の命令を受けることもないので、問題は生じないのである。とすると、この三原則は普通の専用機械のもつべき特性を、そのまま強引に汎用機械としてのAIやロボットに流用しただけだ、ととらえることもできる。つまり暗に、ロボットのように多機能の汎用機械なら「人間のように自律的に作動する」という前提がおかれているのだ。だが、そこに論理的飛躍があることは誰から見ても明らかだろう。

言うまでもなくSF作家アシモフは、単機能の専用機械を念頭にロボット三原則を提示したわけではない。アシモフは一九二〇年代はじめにロシア（旧ソ連）から米国に移住した優秀なユダヤ系の作家（学者）で、機械に自意識や判断能力が宿り得るという前提を信じていた。つまり、ロボットが人間のような心をもち、自律的に行動するという前提のもとに三原則をのべたわけである。

だがアシモフには、本質的な洞察が欠けていたのではないだろうか。こういう前提は、少なくとも、ユダヤ＝キリスト一神教がもたらす文化的・宗教的な一種の思考の偏向がもたらしたものと考えられる。この点については拙著『ＡＩ原論』を参照していただきたい(1)。

端的にいえば、実際上、ＡＩ倫理を考察する上で、アシモフのロボット三原則はほとんど頼りにならない。この原則さえ守ればＡＩやロボットの倫理問題は解決するという専門家もいるが、あまりにも安易にすぎる。

ＡＩブームとともに、自律型の機械が続々と出現したようにマスコミは報道している。しかし、ではＡＩ機能をもつロボットは、自動的にうごいているエレベータとどこが違うのだろうか。ここで、「自律性（autonomy）」とはいったい何かを、より根本まで立ち返って一から問い直さなくてはならない。

自律性という概念はきわめて曖昧に用いられている。自動運転車（self-driving car）のニュースがマスコミの紙面をよく飾るが、そこに、自動ブレーキなどの運転支援から運転手不要の完全自動運転まで六段階あることはよく知られている（第五章参照）。したがって工学技術的には、自律性にもいろいろレベルがあると考えることもできる。だが日進月歩の技術的細部に拘泥すると議論がかえって迷走してしまう。

本書では議論を明確にするために、広義と狭義、二種類の自律性を考えることにする。広義の自律性とは、のちに詳しくのべるが、他者の指令をまったく受けずに行動することを可能とする、下等な生物でももっているような原理的な特性である。また、狭義の自律性とは社会的な自律性であり、人間という道徳的主体と同等、あるいはそれ以上に的確な判断をくだし、社会的な責任をとれる主体のもつ特性とする。前者を「理論的自律性（theoretical autonomy）」、後者を「実践的自律性（practical autonomy）」とよぶ。いうまでもないが、理論的自律性は実践的自律性の前提であり、常識的には、後者が単に「自律性」とよばれることが多い。

さて、問われるべきは、はたしてＡＩ機能をもつロボットが実践的自律性をもつのか、という点だ。あるいは、現在は難しくても、将来、実践的自律性をもつようになる可能性はあるのだろうか。

自由意思と予測困難性

道徳的主体である人間は、外部の社会環境からの制約（ルールなど）のもとでも、単に盲従するのでなく、自らの自由意思にしたがって行動することができる。制約にしたがうにせよ、逆らうにせよ、ともかく大前提にあるのは当該人物が「自由意思（free will）」をもっていることだ。そして、自由意思のもとで行為を選択できるという点にほかならない。

この点は倫理的見地から非常に大切である。自由平等主義においては、個人が基本的事項（職業選択、信教、表現、住所など）について、自由意思にしたがって選択できることが、倫理的な必要条件と見なされる。自由至上主義においては、これに加えて、私有財産の処分権をはじめ自由意思にもとづく選択の幅をできるだけ拡大することが倫理的に正しいとされるのである。

理論的自律性がなければ自由意思などもてるはずはない。ゆえに理論的自律性は自由意思の前提、いいかえると必要条件である。そして自由意思をもつからこそ、人間は道徳的主体として判断をくだし、その結果に「責任（responsibility）」をとらなくてはならない。

ゲリラ戦の戦場で、爆弾らしき小包をもって走り寄ってくる子供を射撃するべきか否か——そんな難しい判断を迫られる兵士もいる。兵士のとった行動は賞賛されるかもしれないし、逆に軍法会議にかけられるかもしれないが、兵士が責任を問われる理由は、基本的に兵士が自由意思をもつからなのだ。そして、責任をとれるからこそ、実践的自律性をもつ存在であると位置づけられるのである。

だがいったい「自由意思」の有無をいかにして確認できるのだろうか。

カント的な倫理観によれば、天下り的に、人間とはそもそも、理性をもつ存在であり、ゆえに自由意思にもとづいて合理的に判断し行為を選択できる、ということになる。だが、少なくともそんなことはAIロボットには期待できない。ではいかにして、ある存在が自由意思をもつことを確認すればよいのか。

自分がいつも自由意思や実践的自律性にもとづいて行為をおこなっていると信じている人間は少ないだろう。習慣にしたがってほとんど無意識に行動することも多いし、いやいやルールにしたがう場合も無いではない。人間の内面はかならずしも外面に明快に表れないので、他者には分からないのである。

だが、この「分からなさ」が議論のポイントなのだ。

ロボットの設計者には、ロボットにどういう入力をあたえればどういう出力が現れるか、つまりロボットがいかに行動するか、基本的には分かっている。たとえ細部で不明確なところがあるにせよ、まったく予想外の出力が出現することは原則として無い。もしそうなれば、ロボットは壊れており、廃品ということになる。

一方、相手がロボットでなく人間の場合は、まったく予想外の行為をすることも稀ではない。むろん、過去の事例や経験からある程度は予測できることもあるが、環境条件が流動的な場合、行為の予測がほぼ不可能であることはむしろ普通である。

この不可知性（絶対的な予測困難性）は、人間にかぎらず、相手が生物の場合には原理的に成立する。では不可知性はなぜ生じたのか？――生物が自分で自分をつくるオートポイエティック（自己‐創出的）な存在だからである。(2)

生物は、意識するかしないかは別として、自分が所与の環境条件のもとでいかなる行為を実行するかの内部ルールをもっている。内部ルールそのものを自分でつくりあげるのだ。自分の細胞は自分の細胞からつくられるが、その細胞群からなる物理的実体が内部ルールの構造に対応するのである。

環境条件が変化すれば内部ルールは変更されるかもしれないが、いったいいかなる新たな内部ルールが出現するかは、当の生物をふくめ誰にもわからない。内部ルールの学習ルールが外部からあたえられているわけではないのである。
ゆえに生物がおこす行為の正確な予測は原理的に不可能なのだ。いつも大人しい人間がちょっとしたきっかけで、急に激怒するなど「人が変わったような」行動を始めたりするのはその証拠である。

生物と機械の境界線

AIロボットはアロポイエティック

生物の定義はいろいろあるが、本書ではネオ・サイバネティカルな定義を採用する。これによれば、生物とはオートポイエティック(自己-創出的)な存在に他ならない。一方、ロボットのような機械は、人間が設計するアロポイエティック(他者-創出的)な存在なのである。

あらゆる機械は、所与の入力に対して決められた出力を実行するように、作動ルールを外部からあらかじめ決定されている。学習機械であれば、入力や出力結果におうじて作動ルールが変更されることはあるだろうが、変更の仕方そのものを定める高階のルールはあらかじめあたえられているのだ。だから絶対的な不可知性などはないし、少なくとも原理的には、ＡＩやロボットの行為（出力）を予測することができる。

ある存在がこれから実行する行為を、（推定できても）完全に予測できないことは、その存在が自由意思をもつことの必要条件である。そこで、こういうことになる。――ある存在が実行する行為の予測困難性という条件のもとで、その理論的自律性さらに自由意思がみとめられ、そのもとではじめて、責任を問われる道徳的主体が出現するのだ、と。そして、そういう道徳的主体だからこそ、実践的自律性をもつといえるのだ、と。

この論理的包含関係をまとめると次のようになる（ここでＡ⊇Ｂは、ＡがＢの必要条件であることを示す）。

予測困難性 ⊇ 理論的自律性 ⊇ 自由意思 ⊇ 責任 ⊇ 実践的自律性

出力（行為）を予測できる以上、機械には原理的にいかなる自律性も自由意思もなく、責任を問うことなどできない。ＡＩやロボットは他律（heteronomous）システムであり、人間社会で通用する実践的自律性とは無縁なのだ。

このことは、ＡＩやロボットの設計開発に従事している関係者にとっては納得できる議論だろう。深層学習などの機能をもつＡＩの作動は非常に複雑だが、それでもプログラムを分析できないわけではない。ロボットはプログラムにしたがって作動しているだけであり、そこに真の自由意思をみとめることは不可能なのである。

こうして、ロボットの人格うんぬんというアシモフ流の議論は雲散霧消してしまう。アシモフの三原則など、ＳＦを現実に持ち込んだ愚かしい妄想以外のものではなくなるのだ。

以上の議論は、生物と機械のあいだに明快な境界線を引ける、ということを表している。システム論的には、生物（人間をふくむ）とはオートポイエティックな自律システムであり、機械（コンピュータをふくむ）とはアロポイエティックな他律システムなのである。人工知能（Artificial Intelligence）という概念はとかく曖昧に使用されるが、いくらブームになっているからといって両者を混同してはならない。

たしかに学習機能をもつＡＩやロボットは自分で環境に適応していくように見えるので、しばしば「自律型機械（autonomous machine）」と呼ばれている。だが、これは工学的には不正確な表現であり、むしろ「適応型機械（adaptive machine）」と呼ぶべきなのだ。こういった点は、筆者が構築中の基礎情報学、さらにそのベースとなるオートポイエーシス理論からみちびかれるので、以下、順をおって説明していくことにしよう。

観察の相対性

AI倫理を語るとき、ここで大きな問題が生じる。以上に述べたような生物と機械の境界線に注目すれば、AIやロボットの疑似自律性や疑似人格性は完全に否定されてしまう。だが、AIやロボットが広く利用される社会では、それだけでは十分ではないのだ。なぜなら、予測困難性という性質は「観察する視点（観察者）」に依存して出現するという面もあるからである。

本来、「観察（observation）」という行為は、主観的で相対的なものである。ある人にとって二つの対象が区別できるからといって、別の人に区別できるとは限らない。とくに設計開発者の側ではなく、圧倒的に人数の多いユーザの側に注目すれば、AIやロボットを人間から区別することができない場合も少なくないだろう。

金属や合成樹脂からつくられたロボットであれば、生きた人間と区別することは誰でもできる。だが、相手がネットのなかに組み込まれたAIであり、ユーザと対話する場合はどうだろうか。

「Siri」「コルタナ」などの電子秘書をはじめ、音声やテキストで対話できる応用システムはすでに出現しているし、これからますます増えてくるだろう。これらはＡＩの自然言語処理インターフェイスをそなえており、あたかも人間のように日本語や英語で話してくれる。現時点ではまだ、変わった質問をすると妙な返答がかえってくるので、相手のＡＩが「人格」をもつと思う人は少ないが、返答は今後だんだん洗練されてくるだろう。

このとき、ＡＩの発言が「予測困難」だと感じるユーザも出てくるはずだ。ＡＩが「自由意思」をもって発言を選択しており、その結果に責任をとるべきだという意見が出てこないとも限らない。たとえば、投資コンサルタント業務をおこなうＡＩの助言にしたがって株を購入し、損失がでたとき、ユーザは「責任をとれ」と言い出すのではないか。

ここで有名な「チューリング・テスト」が想起される。二〇世紀の前半、コンピュータの理論モデルをつくった天才数学者アラン・チューリングは、「思考機械」のテストを提案した。人間がテレタイプを介して別々の部屋の人間や機械と対話し、相手が人間か機械か判定できなければ、「その機械は思考している」と論じた。今でもＡＩの実現性の判定基準としてこのチューリング・テストを信じている人は少なくない。

チューリングが偉い数学者であることは間違いないが、この「テスト」はあまりにお粗末なしろものである。テストの実施者つまり観察者次第で、結果は大きく異なるはずだ。テクノロジー信奉者が簡単な質問をするだけで初歩的な自然言語処理プログラムがテストに合格する場合もあるだろうし（実際、一九六〇年代にジョセフ・ワイゼンバウムが開発したイライザというプログラムに合格点をあたえた人もたくさんいた）、また一方、意地の悪い質問を連発する専門家なら、現在の最先端のＡＩプログラムを不合格にするなど造作もない。

不完全なチューリング・テストがいまだに信じられているということは、それ自体、逆説的にいっそう根本的な問題群を照らし出す。

つまり、「生物とくにわれわれ人間は、世界をどう眺めているのか」「人間の観察はどこまで真理なのか」「情報の機械的処理は観察行為と等しいのか」「そもそも情報とはいったい何なのか」といった本質的な問いかけである。これらはＡＩ倫理と密接に関わってくるのに、問いかけに明快な回答をあたえることは決して容易ではない。以下、この問題を整理していこう。

ネオ・サイバネティクス

いったい生物と機械はどこが同じでどこが異なるのか？　これに関する研究として、二〇世紀半ばに米国の数学者ノーバート・ウィーナーによって拓かれ、今日の自動制御工学のもとになったサイバネティクスが知られている。一九四八年に刊行された画期的な書物『サイバネティックス』の副題は「動物と機械における制御と通信（control and communication in the animal and the machine）」であり、内容は生物と機械の境界線をめぐる論考に他ならない(4)。

具体的には電子回路と動物の神経回路を結ぶ数理工学モデルが検討された。たとえば鷲や鷹のような猛禽類が獲物の鳥を襲う場合、獲物の飛行する軌跡の視覚情報をうけとり、時々刻々、獲物に近づくように自らの飛行を調整していく。これは、ミサイルが標的を追尾する行動に近い。さらに、この制御モデルを精緻化すると、手を欠損した人間が義手でものを摑む行動にも応用がきく。つまり、生きた神経系と電子回路を直接むすぶというアイデアさえも視野にはいってくるのである。いわゆるサイボーグの夢想がこうして出現してくる。

当初のサイバネティクスがめざしたのは、このように、生物と機械の境界線を越えて両者を統一的に扱う工学技術だった。だが、その後、一九七〇年代以降に新たな学問的発展がうまれ、逆に生物と機械の境界線は「本質的相違」としてあらたに再認識されることになったのである。それは、「誰が世界を観察しているのか」についての徹底的な考察から始まったといってよい。

猛禽類は空を飛びながら、さまざまな視覚情報をうけとり、世界のありさまを観察している。その観察の仕方は生物種によって異なるし、さらに厳密には個体によっても違う主観的なものだ。光線のもたらす錯覚によって間違った視覚情報をうけとり、獲物を取り逃がすこともある。観察された世界にもとづく行動の誤りを正すには、その観察の仕方そのものを観察するという「二次観察」が必要となる。

こうして数学的に二次観察について検討した物理学者ハインツ・フォン・フェルスターによって「二次（second order）サイバネティクス」が唱えられ、さらにフェルスターと交流のあった生物学者ウンベルト・マトゥラーナとその弟子フランシスコ・ヴァレラによって「オートポイエーシス理論」が提唱されたのである。[5]

「自分で自分を創出する」というのがオートポイエーシスであり、ここで「生物」という存在が明確に定義されたといってもよい。生物は環境との相互作用のなかで、自ら周囲を観察し、内部的に世界を構成しつつ、行動を続けていく。誤りが生じたら自らの観察の仕方を反省して、世界のイメージを修正しつつ生きていくわけだ。

つまり、生物は「情報をうけとって客観的世界を認知している」のではなく、「(生存をつづけられるように)情報を解釈して主観的世界を構成している」のである。犬も猫もそれぞれの仕方で世界を構成している。人間も同じであり、細かくいえば個人ごとに世界は異なっている。

コンピュータのような機械は外部から情報をそっくり入力できる開放系だが、人間をふくめ生物は外部から情報を直接入力できず、主観的な意味解釈を経由せざるをえない閉鎖系なのである。そして、人間同士のコミュニケーションがつくりあげる社会もオートポイエティックな閉鎖系と見なせる。以上のような議論にもとづく諸理論は、当初の古典的サイバネティクスとは基本的に異なるので「ネオ・サイバネティクス」と呼ばれる(6)。

ネオ・サイバネティクスは二一世紀における最重要な学問なのだが、そこには奇妙な逆説がふくまれている。

ネオ・サイバネティクスによればまず、機械の情報処理は人間の観察行為とは本質的に異なるのであり、AIだろうがロボットだろうが、主体的人格をもつことなど原理的に不可能となる。だが他方で、たくさんの人間が自らの観察行為を通じて、AIやロボットが主体的人格をもつと「思い込む」ことは大いにありうる、ということにもなる。この矛盾点について、考察を深めていかなくてはならない。

情報理論からシンギュラリティへ

二種類の予測困難性

今後インターネットがさらに普及し、人々の生活がいっそう情報通信技術に依存するようになるとともに、社会のいたるところにAI機能が組み込まれていくことは確実である。そしてこのとき、以上のべてきたように、観察者によって行動予測の能力は異なるので、AIである相手があたかも自由意思をもつ主体的人格であるように信じ込む人々は増えていくだろう。また一方、AIの側が、人間を一種の「データの集まり」と見なし、メモリに入力されたプログラムにしたがって自動的に人間を分類したり評価類別したりすることも増えていくだろう。反対の声もあるが、残念ながらそうなる可能性は高いと言わざるをえない。

こういう近未来社会においては、インターネットを基盤とした大規模なデジタル空間のなかに現実の物質や社会のメカニズムが投影写像され、われわれの身体が住む物質的空間の直接的出来事より、デジタル空間のなかの間接的出来事が「効率のよいリアリティ」と見なされていく。要するに、デジタル空間内の計算でＡＩがくだす判断や決定にもとづいて人間社会が管理運行されていくのである。これはまさに、社会メガマシンのなかに人間が部品として組み込まれていく隷従的な事態にほかならない。

ここで、予測困難性に二種類あると明確に自覚することが重要となる。

生物の行動の予測困難性は原理的なものだ。むろん、生物には習慣性があるので、ある刺激にたいして過去と同様の反応を示しがちであり、それゆえ行動をあるていど予測することはできないわけではない。だが、未経験の環境条件が出現したとき、生きるために、まったく新たな行動をすることは十分ありうる。それを予測することは誰にもできない。他方、ＡＩやロボットの行動（出力）の予測困難性は異なる。それは単に、機械の作動メカニズムが複雑すぎて分析が難しいためであり、それ以上でもそれ以下でもない。第一の予測困難性は根本的な不可知性によるものであり、第二の予測困難性は要するに知識不足によるのである。倫理とかかわるのは本来、人格つまり心の閉鎖性がもたらす前者である。後者は技術的な問題にすぎない（ゆえに、AIエージェントを人格でなく「メディア」として扱うべきだという主張もある）[7]。

それでは、問題を解決するには、一般ユーザの無知を啓蒙し、AIやロボットに対するアニミズム的な心性を矯正すればよいのだろうか？　感情表現をするロボットが可愛いなどと言うのは、子供の人形愛と五十歩百歩だと諭せばすむのか？　深層学習などはただの統計計算であって、人間の心の働きとは全然違うと教育しさえすればよいのか？――たしかにそういう努力も大切ではある。だが、それだけでは解決には不十分なのだ。より本質的な問題があることを忘れてはならない。この点は肝心である。

実はAI技術に精通した専門家であっても、二種類の予測困難性の相違を認めたがらない者が少なくない。たとえ現時点では予測困難であっても、人間の心理や行動は脳科学が進歩すれば理論的に分析可能であり、ゆえにやがてAIにより機械的に実現できると考える人間機械論者はその典型である。このとき、将来のAIは自由意思をもち、責任も問えるはずだということになる。

　こういったSF的ビジョンは「賢い自律型AIが碁や将棋の名人に勝った」と騒ぎたてるマスコミにとっては好材料だろう。だが、真に問い糺されるべきなのは、目新しいニュースを軽々しく流すマスコミでもなく、またそれに踊らされている一般ユーザでもない。実は、次にのべるように、欧米には歴史的に、人間をふくめた生物とコンピュータなどの機械との同質性を語る文化的背景があり、それに関連した工学的議論があるのだ。端的には、それがAIやロボットをめぐる現在のような倫理的混乱を引き起こす元凶といってもよいのである。

シャノン情報理論と世界の論理秩序

　現在が情報社会だというのは常識である。インターネットには膨大な情報が蓄積され、われわれは情報洪水に投げ込まれるといわれている。AIの使命はそういうビッグデータの自動処理にあると考えられている。だが、はたしてそれは、意味内容が豊かだということなのだろうか。

　すでにふれたように、「情報」というのは本来、人間をふくむ生物にとっての「価値

（意味）」に他ならない。軍事用語としての「情報」は、それが死活を左右する価値をもつことを示唆している。だが一方、インターネットのなかでは煽情的で一時的な宣伝用データのみが量産され、人間にとって大切な意味内容という点では、実はきわめて貧困な状況にあるという声も高い。つまり、記号（デジタル信号）の量と意味内容の豊かさとは比例するとは限らないのだ。

このように、「情報」という概念は学問的に明確ではなく、それがAIの倫理面をふくめて大きな混乱を引き起こしている。こうなった経緯はどこにあるのか。

情報についての基礎的な理論は、二〇世紀半ばに通信工学者クロード・シャノンによってあたえられた。たしかにシャノンの議論は、通信工学的には第一級のものだったし、今でも画像圧縮などの技術に応用されている。しかし、それは徹頭徹尾、アルファベット文字や数字、あるいは音声や画像など「記号の効率的伝送」に関する数学理論であり、それがあらわす意味内容とは無関係なものだったのである。(8)

にもかかわらず、論文が確率理論をもとに抽象的に書かれていたこともあって、世間一般には意味内容をふくむ理論だと受け止められてしまった。シャノンの理論において、ある情報の生起確率とは、伝送されるメッセージの中でその情報をあらわす記号系列の生起確率にすぎない。つまり、情報がもつ意味内容すなわち事象の生起確率ではないのだが、困ったことにそういう誤解が広まってしまったのだ。

情報の扱いでもっとも基本的なのは「情報伝達」である。だが、それは通常、意味内容の伝達であって、記号の伝達はその必要条件であっても十分条件ではない。

メールで相手にメッセージを送っても、必ずしもこちらの意図が十分伝わるとはかぎらないことは、誰でも知っている。相手の心は原理的に閉鎖系であり、そこで相手による「意味解釈」がおこなわれるためだ。一方、コンピュータは開放系だから、コンピュータ同士の機械的な情報伝達では、ノイズの影響さえ防げばその懸念はない。つまり、「記号を正しく伝送すれば、情報が相手に正しく伝わる」のであり、そこではシャノン情報理論ですべてが説明できる。情報（デジタル信号）の単なる伝送にかぎらず、蓄積でも、プログラムによる処理でも、シャノン情報理論は有効なのだ。

両者の相違がはっきり露呈するのは、AIやロボットと人間が対話したり、人間の発した言葉をAIが外国語に翻訳したりする場合である。

AI技術においてこれは「自然言語処理（natural language processing）」とよばれ、AI研究における最重要分野となっている。自然言語処理においては、人間の発した言葉の

「意味解釈」をおこなうための努力が重ねられてきた。それらがすべて無駄だったというつもりはない。前述のように、統計的分析にもとづいて、それなりに対話らしきことをおこなうAIはすでに出現している。

だが、もともとコンピュータは、生物とはちがって身体的に世界の意味を解釈する存在ではないから、どうしても限界がある。定型的な応答程度の出力がせいぜいなのだ。機械翻訳にしても、簡単な日常的文章ならともかく、小説のような複雑で非定型な文章には歯が立たないのである。コンピュータのなかでは、情報をあらわす記号が意味と結び付けられていない。これは「記号接地問題（symbol grounding problem）」と呼ばれ、AIの根本的難題として位置づけられている。[9]

以上のような問題があるにもかかわらず、シャノン情報理論が相変わらず信奉され、技術が進歩すれば機械が意味（世界のイメージ）を把握できるようになるという仮定が捨てられていないのはなぜだろうか。これは、先ほどのべた観察の視点と関連している。

もし、仮に誰かが万物を俯瞰し隅々まで透明に分析できる高い視点から世界を観察しているとすれば、予測困難性は消滅し、シャノン情報理論でことがすむわけだ。いうまでもなく、これは全能の神の視点である。神の視点からながめれば、通信工学的な記号の伝送は、意味内容をふくむ情報の伝送と一致してしまう。生物と機械の境界線というが、もし万物が神の被造物とすれば、生物と機械のあいだに本質的な相違はなくなる。生物の身体も一種のメカニズムであり、理論的探究と技術的進歩により、やがてわれわれはその詳細を把握できるということになる。

そして、人間と同じ知能、いやさらに優れた知能をもつ機械が、そういう計画に加わるという神秘的な物語がにわかに信憑性をおびてくるのだ。

これは決して宗教的な議論ではなく、西洋古来の形而上学にもとづく思考である。[10] つまり、世界（宇宙）は厳然たる論理的秩序（ロゴス）をもって構成されており、理性をもつ人間はその中を少しずつ探究していくことができる。そして、論理的秩序の背後にあって諸事物をつかさどるルールを知り、それを利用して世界（宇宙）を改善していくことができる、というわけだ。こういう思考が、近代科学技術の大本にあることは明らかだろう。源流をさかのぼれば、古代ギリシアの論理学とユダヤの一神教にまでいきつくのだが、西洋の深遠な文化的伝統は、現代にいたるまで継続しているのである。

シンギュラリティ仮説

二〇一〇年代後半からひんぱんに語られるようになった「シンギュラリティ（技術的特異点）仮説」は、以上のような議論からすれば割合に理解しやすくなるだろう。周知のように、この仮説は、楽観的な発明家で未来学者でもあるレイ・カーツワイルの著書『ポスト・ヒューマン誕生』（原題は「シンギュラリティは近い（The Singularity is Near）」）によって有名になった。[11] 仮説の内容は、二〇四五年に人間の知性をはるかにしのぐ人工物の超知性体が出現する、ということだが、それだけではない。人間が不死性を獲得するという過激な主張まで含まれており、それゆえ熱狂的なカーツワイル・ファンも少なくないのである。

そもそも特異点とは何だろうか。「特異点とは、われわれの生物としての思考と存在が、みずからの作りだしたテクノロジーと融合する臨界点であり、その世界は、依然として人間的ではあっても生物としての基盤を超越している。特異点以後の世界では、人間と機械、物理的な現実とヴァーチャル・リアリティとの間には、区別が存在しない」とカーツワイルはのべる。[12]

ネオ・サイバネティクスでは観察者の視点に注目することで、生物と機械のあいだにある境界線を明示することに成功した。だが、人間が世界（宇宙）を観察して科学技術を開発しているのではなく、神が観察しているのだと考えれば、たしかに両者を区別する境界線など消滅してしまうだろう。

さらに、カーツワイルは次のようにのべる。「特異点に到達すれば、われわれの生物的な身体と脳が抱える限界を超えることが可能になり、運命を超えた力を手にすることになる。死という宿命も思うままにでき、好きなだけ長く生きることができるだろう」と[13]。

人間が不死になるというこの驚くべき主張は「マインド・アップローディング」と呼ばれる[14]。これは、ある人物の脳をナノボットを用いて詳細にスキャンし、それをそっくりコンピュータのメモリに移し換えるという操作に他ならない。つまり、マインド・アップローディングによって、その人物の人格、記憶、個性、歴史の全てが非生物的な知能へと移行可能だというのである。当然ながら、この操作においては遺伝学やナノテクノロジーの進歩も必要になるが、AI技術が枢要な役割をはたすことはいうまでもないだろう。

ネオ・サイバネティクスの議論からマインド・アップローディングを批判することは簡単だ。心と脳とは、関連はあるにしても本質的に異なる存在であり、前者は内側から、後者は外側から人間を観察したときに出現してくる。人間社会で通用している概念も、主観的な心同士のコミュニケーションから織り上げられる。脳をいくら生理学的に観察したところで、心や社会を分析できるわけではない。カーツワイルの議論は幼稚で一面的な人間機械論であり、粗雑なデジタル還元主義にすぎないということになる。だが問題は、シンギュラリティ仮説を論駁することではなく（それほどの学問的価値はない）、むしろ、荒唐無稽なこの仮説がなぜこれほど人々の興味をひいているか、という点なのだ。

実はシンギュラリティ仮説が有名になったのは、第三次AIブームが起きてからである。『ポスト・ヒューマン誕生』の原著が書かれたのは二〇〇五年だが、当時は夢想家のSFめいた御伽噺として、それほど注目されなかった。だが、二〇一〇年代にはいって、深層学習をはじめとするニューラルネット・モデルによるパターン認識技術が顕著な進歩をし、汎用AIの夢が広がってから、にわかにシンギュラリティ仮説が人々の口にのぼるようになったのである。

実際、AI研究者のなかにも、深層学習によってAIが自ら世界（宇宙）の意味を把握し、もう記号接地問題は解決した、などと口走る者さえ出てきた。実際には、深層学習はただ類似したパターンのグルーピングをしただけで、概念の理解とは無関係だったのだが、誇大宣伝がマスコミの注目を浴びたことは事実である。つまり、いまだに第一線の研究者でも、シャノン情報理論の限界から抜け出していないのだ。この学問的混乱が、シンギュラリティ仮説という神話をはびこらせているのである。

シンギュラリティ仮説はたしかに、一部の人々にとっては、わくわくするような夢のあるオハナシといえるだろう。欧米人のなかには、シンギュラリティの到来を肯定しながら、ＡＩの軍事利用などによる暗い未来を予見する者もいるが、カーツワイルはあくまで楽観的である。その言葉によると、「進化とは、増大する秩序のパターンを作りだすプロセスのこと」なのだ[15]。進化には六つのエポックがあり、特異点はエポック５で始まる。そして、最終のエポック６においては、宇宙が覚醒するというのだ。

カーツワイルは次のようにのべる。「特異点の到来後、人間の脳という生物学的な起源をもつ知能と、人間が発明したテクノロジーという起源をもつ知能が、宇宙の中にある物質とエネルギーに飽和するようになる。知能は、物質とエネルギーを再構成し、コンピューティングの最適なレベルを実現し（中略）、地球という起源を離れ宇宙へ、外へと向かうことで、この段階に到達する」と[16]。

これを古典的な唯一神による救済神話の現代バージョンととらえることはたやすい。人間は科学技術の力によって進歩し、神のような知を実現していくというわけだ（この種の思考については、拙著『ＡＩ原論』を参照して頂きたい）。カーツワイルはさらに光速の限界を突破する可能性についても言及しているが、そのことは、観察行為にたいする省察からうまれたアインシュタインの相対性理論があらわれる以前、ひと昔前の啓蒙的近代主義者をつよく想起させる。

西洋近代そのものが唯一神の形而上学を基盤にして出現したのだから、カーツワイルの議論は決して不思議ではないし、別に近代主義そのものを否定するつもりはない。だが、あまりに古臭い思考の枠組みにとらわれ、理性を問い直した近代哲学や、観察行為を検討したネオ・サイバネティクスなどの学問的意義を無視すると、われわれは途方もない迷い道にはまり込むのではないか。

致命的なのは、われわれが西洋の唯一神的形而上学をきちんと批判的にとらえないまま、欧米の風潮に軽薄に迎合してＡＩの応用を推し進めることである。神は後方にしりぞいても、欧米では、神の視点から俯瞰的に世界（宇宙）をとらえる伝統はまことに根強い。次章では、そのような観点からの倫理哲学についてのべていこう。

第三章　情報圏とＡＩ

トランス・ヒューマニズムとホモ・デウス

知能爆発

ＡＩが理論的には本来、自律性をもたない他律系だということは、いくら強調してもしすぎることはない。生物とは異なり、自らその作動ルールを内部で創りあげているわけではないのだ。基本的にはコンピュータは指令通りに作動しているだけである。したがって、道徳的な主体などとは無縁であり、ＡＩに自由意思だの責任だのを帰するのは全くの誤りに他ならない。

にもかかわらず一方、ＡＩが道徳的主体であって自律的に判断をくだしていると思い込む人々の数は今後ますます増えていくだろう。なぜなら、AI技術の発展とともに、その出力は予測のつきにくいものとなり、ヒューマンインターフェイスも巧妙になって、あたかもAIが自ら自主的に考えているような「印象」を与えてしまうからである。疑似人格としてのAIは、アニミズムに惹かれる人々の心性につよく訴えかけるのだ。

アニミズムだけではない。西洋古来の形而上学の議論にもとづけば、人間（生物）と機械とを峻別せず、ともに一種の情報処理体であるとみなすことも納得がいく。単なる機械同士のデータ伝送をあつかう通信工学的議論であるシャノンの理論が、いまなお一般的な情報理論として通用している理由の一つは、西洋の歴史的な思想的伝統に根ざしているからなのだ。そこでは、神によって創造された世界（宇宙）が論理的な秩序をもっており、ゆえに万物の秩序を探究し体現することが「進歩」だとされる。

科学技術の発展とともに、近未来に人間をしのぐ知性をもつ存在が生まれるという「トランス・ヒューマニズム（超人間主義）」は、この昔ながらの思想の現代版である。そして、神がかったこの思想を信奉する選ばれた民こそが「トランス・ヒューマニスト」に他ならない。トランス・ヒューマニズムからすれば、コンピュータの機能向上とともに、やがてAIの知力が人間の知力をしのぐようになることは決して不思議ではないのである。

ただし、そうなると今後、これまで人間がくだしていたさまざまな社会的判断が、ＡＩという機械に丸ごとゆだねられる方向に一挙に進む可能性は十分にある。それは近代的民主主義や基本的人権の根幹をゆるがすかもしれない。われわれは、経済成長をうながすＡＩというキャッチフレーズに浮かれる前に、このことをよく銘記すべきなのである。

トランス・ヒューマニズムの典型であるシンギュラリティ仮説を提唱しているのはカーツワイルだけではない。周知のように、シンギュラリティ（技術的特異点）という言葉は猛烈に発展する機械の知力が人間の知力を凌駕する不気味な時点のことだが、一九七〇〜八〇年代にこの言葉を最初に言い出したのは、ＳＦも書くヴァーナー・ヴィンジという数学者だった。さらに、シンギュラリティは、アーヴィング・Ｊ・グッドという数学者が一九六〇年代に提示した「知能爆発（intelligence explosion）」という概念にもとづいている。

いったい、知能爆発とは何だろうか。知能自体を定義するのはきわめて難しい。ＩＱ（知能指数）などの指標もあるが、それらが本当に適切かといえば議論百出だろう。数値計算能力を比較すれば、とうの昔に人間はコンピュータに敵わない。だが、知能爆発とかシンギュラリティとかいう概念は、いうまでもなく、さまざまな情報処理能力をもつ汎用機械がほぼあらゆる知的分野で人間を超えていくということなのだ。

ここで情報処理能力というのは、常識的には、単位時間あたりに処理できる情報の量に他ならない。つまり、シンギュラリティというのは、一言でいえば、汎用ＡＩの情報処理速度が、人間の情報処理速度を超えていく時点ということになる。実際、カーツワイルは、脳細胞と半導体素子の反応速度の差、また脳細胞数とメモリ容量の差といった数字にもとづき、このような情報処理速度の逆転する時点を算出していると考えられるのである。

「意味」抜きの情報処理

肝心なのは、情報爆発の議論における「情報量」という概念である。ここでいう情報量とは、前述のシャノンの定義した概念にもとづいている。つまり、情報と言っても記号（デジタル信号）の量であって、それが表す意味の量（そんなものが計量できるとして）とは本来まったく無関係なことに注意しなくてはならない。ここにトランス・ヒューマニズムの最大の問題点が隠されている。

コンピュータは高速論理操作機械だから、もし「思考」が単に記号の論理操作であると仮定すれば、それを実行するＡＩが人間の能力を凌駕することにまったく不思議はない。事実、コンピュータの理論モデルをつくった数学者チューリングは、人間の正確な思考とは一種の記号計算に他ならず、「アルゴリズム（問題解決のための算法手続き）」によって実現できると考えた。

しかし、アルゴリズムによって解決できる問題範囲がいかに広大であろうと、それは人間の思考の全体を覆うわけではない。人間はイメージや直観、つまり身体的情動とむすびついた意味によって思考していることが大半であり、論理的な推論は重要ではあっても思考のごく一部でしかないのである。

このことは、人間が生物の一種であること、そして、ほとんどの生物が論理的な推論より、むしろ直観や本能に依拠して生存していることからも明らかだろう。実際、第一章でのべたように、純粋な論理的推論だけで問題解決をはかった第一次〜二次のＡＩブームでは、ゲームやパズルをのぞき、実用的な応用範囲はきわめて限られるものになってしまった。第三次ＡＩブームの到来とともに応用範囲は一挙に広がったが、これはデータの統計処理にもとづいて確率的な推論をおこなっているにすぎない。ＡＩが情報の意味を把握しているとは決していえないのである。[1]

以上のように断定すれば、一部のＡＩ研究者から異議アリの声が上がるかもしれない。なぜなら、ＡＩにおいて情報の意味をとらえようという試みは、一九六〇年代から、さんざんおこなわれてきたからだ。これは「自然言語理解」とよばれる。主な応用分野は、人間と会話するインターフェイス・ソフトや、英語や日本語などの文章を外国語に置き換える機械翻訳などである。実際、文章の構文をとらえる統辞分析（syntactic analysis）とならんで、文章の意味を分析する意味分析（semantic analysis）はＡＩの自然言語処理における最も重要な研究テーマだった。本書では詳細に立ち入らないが、格文法、概念依存構造、モンタギュー文法、状況意味論などいろいろある。[2]

いずれも、文章がおかれている文脈や状況を形式論理的にあらわし、それによって構文の曖昧さを解消したり、多義語のなかから適切な選択肢をとりだしたりすることが技術的目標だ。さらに最近は用例データベースを駆使して、単語の共起関係（collocation）を分析するとか、意味ネットワークを構築するとかいう方法も用いられている。

むろん、一定の効果はあげているから、これらがすべて無駄だというつもりはない。

しかし内実は、あくまで意味論そのものに直結しているわけではなく、たかだか文法知識を用いて意味解釈の範囲をせばめる操作にすぎないのである。情報の記号処理と意味処理のちがいを無視すると、トランス・ヒューマニズムの落とし穴にはまってしまう。

これまでに、ＡＩの専門家からそういう指摘がなされてこなかったわけではない。変転流動する世界（宇宙）の意味を真に把握することはＡＩには不可能だという真っ当な議論は、有名な自然言語研究者テリー・ウィノグラードにより一九八〇年代になされた。これを正面から論駁できたＡＩ研究者はいない(3)。

超知性体（スーパーインテリジェンス）

トランス・ヒューマニストはカーツワイルだけではない。近年、国際的に大きな注目をあつめている人物として、世界トランス・ヒューマニスト協会を設立したニック・ボストロムがあげられる。

カーツワイルが実践的な発明家であるのにたいし、ボストロムは理論家肌の分析哲学者で、オックスフォード大学の未来人類研究所（Future of Humanity Institute）の所長でもある。著書『スーパーインテリジェンス――超絶ＡＩと人類の命運』には、その壮大

なタイトルとともに、トランス・ヒューマニズムの核心をしめす思想が開陳されている。(4)

スーパーインテリジェンスを直訳すれば「超知能」となる。ここでは数値計算能力のような限られた知能ではなく、文字通り人間をしのぐ汎用の超絶的な知性をもつ存在をあらわすので、とりあえず本書では「超知性体」と訳しておこう。簡単にいえば、ボストロムの主張は、ＡＩが近未来に超絶的な知性をもつマシン・エージェントになること、すなわち超知性体が出現するという議論なのである。

その意味ではカーツワイルの主張と重なるのだが、両者の相違は、カーツワイルがどこまでも楽観的なのにたいし、むしろやや悲観的だという点にある。端的にいえば、『スーパーインテリジェンス』とは、超知性体が近未来に出現するという未来予測の書物というだけでなく、それが人類を破滅にみちびくかもしれない、という警告の書物ともいえるのだ。実際、ボストロムの議論から、ビル・ゲイツやイーロン・マスクなどの情報業界の著名人が衝撃をうけ、ＡＩの研究開発の危険性について発言しているという噂もきく。

しかし、『スーパーインテリジェンス』という大部な書物を一読すれば、どこか奇妙な印象をうけないわけにはいかない。

哲学者であり理系の知識にも通じている人物らしく、ＡＩ技術の現状についての論述はかなり慎重で正確ではある。たとえば、「常識的知識の自動理解や自然言語処理も難しい問題」だとか、「人工知能は現在のところ、その汎用知能のレベルにおいて人間には遠く及ばない」といった記述もある。[5] カーツワイルが唱道するマインド・アップローディング（全脳エミュレーション）についても、その技術的要件をみたすテクノロジーの難しさを指摘し、「（今後15年以内というような）非常に近い未来のうちに全脳エミュレーションが実現される可能性は、ＡＩアプローチが成功する可能性よりも低い」とのべている。[6] これはボストロムがＡＩ研究の現状をそれなりに勉強しているという証拠だろう。

ところが、そういった記述とともに、「機械翻訳は、パーフェクトの訳ではないが、訳の精度は十分に向上しており、さまざまなアプリケーションで使用されている」といった楽観論が論拠なしに突然あらわれる。[7] 現在の機械翻訳は、意味理解なしの記号マッチングにもとづく処理部分が大きいので、常用される簡単な短文ならともかく、文脈依存の複雑な長文にはなかなか歯が立たない。これは、たとえばインターネットの英日／日英翻訳結果を見れば明らかなのだが、ボストロムはそんな技術的困難をまるで無視するのだ。
全脳エミュレーションについても同様である。「マシンを基質とする知能のほうが生物学的な知能よりもはるかに大きな可能性を持っている。（中略）人間は所詮、一つの生物であり、遺伝子的に改良されたとしても、マシンの強さにはまったくかなわない」という、カーツワイルのマインド・アップローディング説と酷似した議論が飛び出してくる。[8]だが、そもそも、知能とは脳の活動から生まれるイメージや意味にもとづくのだから、その解明なしに、高速の半導体素子と脳細胞の性能比較をおこなっても仕方がないだろう。このように、ボストロムの議論は表面的には慎重のようだが、本質的なところで論理性を欠いていると言わざるをえない。
そして突然、いかにもトランス・ヒューマニストらしいご託宣がくだされる。「スーパーインテリジェンスが実現される日は必ずやってくる」「今世紀中にマシン・インテリジェンス（自律学習型人工知能システム）への移行が起こりうるという見解を学問的に提起できるようになった」と、この人物は断言するのである。[9]
要するに、人類が足元にも及ばない知能をもつ超知性体、自律的に思考して意思決定できる存在が出現すると、根拠なしに主張するのだ。これはまさに、現代科学技術論の装いをした一種の信仰告白でなくて何だろうか。人類を超える知性とは神の知の現代版に他ならない。そこに、西洋古来のユダヤ＝キリスト一神教がもたらす神話性を感得することは難しくない。ボストロムは、カーツワイルと同じく、自分が神の思想をつたえる選民だと思い込んでいるのではないか。

ただし同じ選民でありながらも、カーツワイルとは違って、ボストロムは暗い予感をのべる。マシン・インテリジェンス（自律学習型人工知能システム）への移行は、「さまざまな良きアウトカムを人類にもたらす一方、人類を存在論的リスクに遭遇させる危険を孕んでいる」と言うのである。[10] 知能爆発は人類滅亡の引き金になりうるのであり、そうだとすれば、対策をただちに考えはじめなければならない。それゆえボストロムの議論は、いかに超知性体をコントロールすればよいかという方向に進む。

ではどうすればよいのか？——人間の倫理的な価値観を超知性体に植えつける、といった方法も考えられるのだが、これはそうたやすく実現できるわけではない（コンピュータは文章の意味を理解しないのだから当然なのだが）。仮に人間と同等レベルの知能をもつコンピュータがあるとしても、それに人間のもつ価値観を植えつける方法はわからないのである。

こうして、いろいろな解決策は考えられるにせよ、結局のところ、「私はコントロール問題について（中略）一見、順当な解決策に思われる方法がいかに破綻しうるかについて論じている」と述べざるをえないのだ。[11] つまり、人類は滅亡にむけて進んでいて、これを回避する解決策は未だ不明だという、悲観的な結論が導かれてしまうのである。

ホモ・デウス

歴史をふりかえれば、典型的トランス・ヒューマニストであるボストロムのようなタイプはそれほど珍しいものではない。カリスマ宗教者のなかには「神の怒りのためにこの世が滅亡する」といった終末論を叫ぶ人物がときどき出現するのだ。

ペシミスティックな予言は、しばしばオプティミスティックな予言より強烈に人々をひきつける。ただ従来、この種の主張は、「現世が乱れ堕落しているので、正さないと大変なことになる」などと、人々の道徳的な罪悪感に熱く訴えることが多かったのだが、ボストロムの場合は異なる。「テクノロジーの発達が必然的にコントロール困難な超知性体を生み出してしまう」と、冷静に事実を記述するという知的な体裁をとっている。たぶん、現代人にはこのほうが説得力をもつのだろう。

そういう新たなタイプのトランス・ヒューマニストの例として、歴史家ユヴァル・ノア・ハラリの議論について一言ふれておこう。

ハラリはイスラエルの優秀な若手歴史家であり、人類の発生から現代にいたる長大な歩みをざっくり鳥瞰した『サピエンス全史――文明の構造と人類の幸福』（上・下）が世界的な大ベストセラーになった。さらにその延長上で、二一世紀以降の近未来はどうなるかという予測を記した近著『ホモ・デウス――テクノロジーとサピエンスの未来』（上・下）も海外や国内で非常に注目を集めている。[12]

カーツワイルやボストロムとは異なり、現代の情報技術やバイオ技術の内容についてそれほど深い知識をもっているとは思えないが、巨視的な論点整理とわかりやすい文体が人々を魅了するのである。とはいえ、ハラリの議論には、トランス・ヒューマニズム特有のきわめて危険な要素も含まれているので、そのことを以下に明らかにしておきたい（なお、ハラリ自身はトランス・ヒューマニストではなく、むしろトランス・ヒューマニズム的な未来予測を描くことでその批判をしたいのだ、という解釈もありうる。しかし本書ではこの点には深入りせず、ハラリの主張する未来予測そのものの内容についてのべることにする）。

ハラリの主張をまとめるとおよそ次のようになる。——現代はインターネットやＡＩ、またバイオ技術が急速に発達していく時代である。だから近未来にはやがて、人間は自分で社会的な決定をしなくなってしまうだろう。そのかわりに、蓄積されていく大量のデータを処理するアルゴリズムがより信頼され、ＡＩが意思決定をくだすようになる。つまり、人間の価値観を中心とした人間至上主義から、機械的なデータが信頼されるデータ至上主義に変わっていく。——この信念は「生き物はアルゴリズム」であり、「二一世紀がアルゴリズムに支配されるだろう」という言葉に要約されている[13]。

右の主張は、身体的な物理空間よりもインターネットなどの仮想空間のなかで社会のメカニズムが自動的に決められるようになるという、しばしば耳にする平凡な予測と重なっているように思えるが、それだけにとどまらない。バイオ技術によって、われわれ人間の身体外部の社会活動だけでなく、身体内部の脳神経活動さえも生化学反応の集積ととらえられ、操作と制御が可能になる、ということでもあるのだ。

要するに、脳や身体をベースにした人間の心の動きさえも、論理的データ分析の対象になっていくのである。それゆえ生命さらに人間そのものが、一種の「アルゴリズム」つまり問題解決用のコンピュータ・プログラムのような算法手続きとしてとらえられることになる、というわけだ。これは人間機械論どころか、「人間コンピュータ論」にほかならない。

こうして、ハラリの議論においては、生物と機械の境界線など消滅してしまい、ＡＩが情報の意味を解釈できないという難問など雲散霧消してしまうのである。

ハラリのこういう考え方は、情報学的には、シャノン情報理論ときわめて馴染みやすいものである。繰り返しになるが、ユダヤ＝キリスト一神教をルーツにもつ西洋の伝統的思考においては、万物が論理的秩序をもって構成されているという大前提がある。宇宙や世界の真相を眺めている観察者は、人間という限定された生物というより、天上から万物を俯瞰する神のような絶対的知性にほかならない。そういった眼差しのもとでは、生物と機械は同質となるのである。

しかし実はそうではない。ＡＩをふくめあらゆる情報技術は、人間という生物特有の身体的・生理的な機能が基盤になっている。ゆえにネオ・サイバネティクスが問いかけるように観察行為の限定性や相対性という面を度外視するわけにはいかないのだ。ＡＩ倫理においてはとくにそれが論点となってくる。

ハラリの議論は、したがって、一見科学的な装いをしているものの、情報学的にはきわめて不正確だと言わざるをえないのである。

右のような粗雑な人間コンピュータ論をもとに、ハラリは驚くべき未来論をのべる。それは近々、人間が少数のエリート階級と圧倒的多数の「無用者階級（useless caste）」に分割されるというのだ。

エリート階級はデータ処理のアルゴリズムを都合よく操作して富を独占し、さらにバイオ技術によって不老不死にちかい健康と長命を楽しむ。一方、大多数の人々は仕事もなくなり、データ分析にもとづくAIの決定という権威のもとで、まるで奴隷のように短い一生をすごすようになるというわけだ。これはまさに、AIを悪用した新たな支配の構図でなくて何だろうか。エリート階級は人間からなんと、「神（デウス）」に昇格してしまうのだ……。

ところで、ハラリはこういう未来図を決して肯定しているわけではない。「データ至上主義の教養を批判的に考察することは、二一世紀最大の科学的課題であるだけでなく、最も火急の政治的・経済的プロジェクトになりそうだ[14]」という記述がしめすように、むしろ『ホモ・デウス』には、一種の冷めたニヒリズムの気配が感じられる。だがそこでは、人間の価値を重視する人間至上主義から人間そのものを空虚化するデータ至上主義への移行を回避するための方向性が示されるわけではない。「私たちにブレーキは踏めない」という著者の言葉にそれが象徴されている。[15] 読者はかえって、その移行が避けがたいような印象を受けるのである。

いずれにしても、知能爆発、シンギュラリティ、超知性体、ホモ・デウスといった諸概念が、人間をはるかに超越した全能性をもつ絶対的知性の誕生にたいする昔ながらの希求を反映していることは間違いない。

よく考えると、そういう希求をもっているのもあくまで人間であって、未来図そのものが人間という生物の知覚器官や脳神経に限界づけられているわけなのだが、そのことは等閑視されてしまうのだ。

したがって、カーツワイルにせよ、ボストロムにせよ、ハラリにせよ、彼らの主張をＳＦ（サイエンス・フィクション）の一種として位置づけることは決して不当ではない。ＳＦと断定すれば憤慨する声も上がるかもしれないが、彼らの主張は、一、二年先に大変化が訪れるという通俗的ホラ話よりはまし、という程度の実現性しかない。ゆえにそれらＳＦをもとにＡＩ倫理を語っても無駄なのである。

第四の革命

ハイパーヒストリー

トランス・ヒューマニズムは、単に全面否定すれば済むというものではない。トランス・ヒューマニストのなかには、より現実的な変化を語る人物もいないわけではないからだ。確かに、人間と同等あるいは人間以上の超絶的知力をもつ単体の汎用ＡＩなど、浮わついた幻想のような感じがする。だが、現在のインターネットのなかにある専用ＡＩの集まりが、実質的には汎用ＡＩに近い機能をもつのではないか、という考え方も存在するのである。[16]

われわれがスマートフォンやパソコンから専用ＡＩネットの集合体である「クラウドＡＩネット」と会話するという構図はすでに出現しつつある。実際、グーグルの検索やアマゾンの売買などの処理のなかに、ＡＩは着実に入り込んでいるではないか。われわれはＡＩが組み込まれたたくさんのコンピュータと対話してサービスをうけるのだが、そのことがまたＡＩを賢くし、サービスの質を向上させていく。こういう複合的なＡＩ

環境こそが未来の姿だというわけだ。

つまり、シンギュラリティだの超知性体だのホモ・デウスだのといったＳＦ的夢想を語るまでもなく、近未来はＡＩによって実質的に変わっていくという主張である。

この種の考え方は、ＡＩを中核とする情報技術によってわれわれが未来にむけて進歩（進化）していくという歴史的観点では明らかにトランス・ヒューマニズムでありながら、より地に足がついた議論と見なすことができる。なかでもとくに注目されるのは、オックスフォード大学フェローであり、情報倫理の専門家として国際的に名高い哲学者ルチアーノ・フロリディの議論である。[17] なぜならその近未来論は、多くのトランス・ヒューマニストの議論で曖昧にされている「ＡＩによる意味解釈の困難性」という論点をきちんと正確に踏まえているからだ。

カーツワイルやボストロムの夢想的な物語に違和感をおぼえても、フロリディの現実的な情報社会論に賛同する情報技術の専門家は少なくない。さらに、哲学者らしく、その議論は本書のテーマである倫理的な考察に向かって収斂していく。それゆえ以下、主著『第四の革命――情報圏が現実をつくりかえる』[18] にそってフロリディの議論の骨子をながめ、核心的な問題を考察していこう。そうすれば、現代のＡＩ倫理についてもっとも先鋭な論点が浮かび上がってくるはずだ。

フロリディは、われわれがプレヒストリー（先史）とヒストリー（歴史）の時代をへていまや「ハイパーヒストリー」の時代に突入したと論じる。原始的なプレヒストリーの時代には情報通信技術すなわちＩＣＴ（Information and Communication Technology）は存在しないし、ヒストリーの時代つまり二〇世紀半ばくらいまでは、たとえ存在するにしても主要なテクノロジーとはいえなかった。

だがハイパーヒストリーの時代には、ＩＣＴが次第に自律的に情報を処理するようになり、人間の社会はそれらにつよく依存するようになるというのだ。そして、現実の本質についての人間の日常的な視点が、「物理的なモノと機械的プロセスが重要な役割を果たすヒストリー的、物質的なものから、ハイパーヒストリーと情報によるもの」へと変わっていく、とフロリディは大上段から論じるのである(19)。

なお、混乱をふせぐために一言断っておくが、フロリディのいう「革命」は、前述の歴史家ハラリが整理した人類史における「革命」とはかなり異なっている。ともに人類が数回の革命によって発展／変化してきたと主張するのだが、その歴史観の相違は大きい。

ハラリは、約七万年前の認知革命、約一万二〇〇〇年前の農業革命、約五〇〇〇年前に始まった科学革命をあげ、その実績をふまえて、現代にデータとアルゴリズムを駆使した新たな革命がおきつつあるとのべる。歴史家なのだから当然なのかもしれないが、こういう整理は比較的わかりやすく、また常識的なものだ。一般の現代人の多くは、狩猟採集生活をおくっていた人類が農業革命によって文明の夜明けをむかえ、近代科学という知によって産業と技術を進展させ、そして今やコンピュータやインターネットによって新たな情報文明が勃興しつつあると考えているのである。

一方、フロリディの革命観は、いっそう哲学者らしいものだ。ハラリ流の分かりやすい歴史観というより、むしろわれわれ自分自身をどう眺めるかという人間観、あるいはわれわれが世界や宇宙にたいしてもつイメージの根本的な変遷に注目するのである。したがって、より思想史的な整理といえるだろう。ゆえにハラリの革命概念に比べ、本書の議論といっそう深くかかわってくるのである。

フロリディによれば、現代というハイパーヒストリー時代にいたる道筋で、人類は三回の革命を経験してきた。まず、地動説をみちびいたコペルニクス革命、つぎに動物と人間の連続性を実証したダーウィン革命、ついで精神における無意識を明るみに出したフロイト革命である。そしていま進行しつつあるのが、情報革命ということになる。『第四の革命』というタイトルは、フロリディ流のトランス・ヒューマニズム的な史観をあらわしているのである。

情報圏という現実

では、第四の情報革命によっていかなる世界が出現するとフロリディは考えるのだろうか。一言でいえば、物理的な現実世界がデジタルな仮想世界と溶け合う、いやむしろ、前者が後者の中に吸収されていく、といったイメージである。インターネットの仮想世界のなかの大量のデータを、IoT技術を介して物理的な現実世界に反映し、産業の高度化や多様な社会的課題を解決するアプローチはしばしばCPS（Cyber Physical System）と呼ばれるが、考え方はこれに近い。

とはいえ、フロリディの提唱する「情報圏（infosphere）」という抽象概念は、いっそう哲学的な色彩をもっている。

情報圏とは、インターネット内のデジタル情報だけでなく、オフラインの情報やアナログ情報もふくむ総合的な情報環境のことである。正確な定義によると、最小限にとれば「すべての情報の実体とその属性、相互作用、プロセス、およびそれらの相互関係によって構成された、情報環境の全体」を指し、最大限にとれば「我々が現実を情報的に解釈するならば、現実と同義に使うことのできる概念」ということになる。[20] やや抽象的な定義だが、大切なのは、こうして現実そのものが情報と一体化してくるという点なのである。現実は情報的であり、同時にまた、情報は現実的であるというわけだ。

電車のなかでスマートフォンの画面に見入っている多くの人々の姿をみれば、ＩＣＴ（情報通信技術）の急速な発達がわれわれの日常生活を変えていることは明らかである。われわれはますますＩＣＴに依存するようになり、それがひるがえってＩＣＴの進展をいっそううながしていく、という相互関係は指摘するまでもない。フロリディの情報圏という概念が、こういった世情を単にいわば抽象的に表現したものだとすれば、とくに驚くまでもないだろう。

しかし、ここで留意が必要なのは、フロリディがＡＩをふくめＩＣＴによる情報の意味解釈を不可能だと断じていることである。コンピュータが人間と語り合えるという前述のチューリング・テストについても、きわめて否定的である。これは、フロリディのＡＩ観がカーツワイルやボストロムとはっきり異なる点といえる。トランス・ヒューマニストはとかく、シャノンの情報理論を曖昧に拡張し、ＡＩが情報の意味解釈をおこなっている、または近未来におこなえるようになる、と軽率に論じがちなのだが、フロリディは異色であり、それゆえ真剣な議論に値するのである。

フロリディはのべている、「現在の技術は、セマンティックス（意味論）に立ち入れないために、実際にはどんな意味のある情報も処理することができない。つまり、操作するデータの意味や解釈を処理できない（中略）しかし、ＩＣＴは『賢い武器』などと、誤った名称で呼ばれている」「データは物理的な違いや同一性のパターンでしかない。どんなに処理されようとも、データは解釈されるわけではなく、そして解釈されないままなのである」と[21]。

まさにその通りではないか。純粋にシンタクティック（統辞論的）な機械であるコンピュータは、たとえ意味を一部扱えるとしてもそれはごく単純な区別にすぎない。コンピュータがデータのパターンにおける同一性や相違性を検出することができるというのは、「パターンのあらわす意味的性質」を認識することとは全く違うのである。

トランス・ヒューマニストは、近未来のいわゆる「強いＡＩ（人間のような意識や知性をもつ汎用ＡＩ）」の登場を自信たっぷりに予告することが多い。だが、フロリディはすでに使用されている「弱いＡＩ（特定の機能をもつ専用ＡＩ）」を「軽い（light）ＡＩ」とよび、後者に議論の焦点をあわせるのだ。

軽い／弱いＡＩであれば、いわゆる記号接地問題やフレーム問題といったＡＩの難問は回避されることになる。にもかかわらず、ＩＣＴのつくる情報圏のなかにわれわれ人間が組み込まれていくとすれば、いったいＡＩと人間の関係はどうなるのだろうか。

情報有機体としての人間

ＡＩにおける情報の意味と解釈の問題への挑戦をさけるべきだと主張するフロリディの洞察はきわめて正当なものだ。シャノン情報理論の限界をわきまえないトランス・ヒューマニストの暴論が、現在のＡＩをめぐる混乱を招いているのである。にもかかわらず、第四の革命を主張するフロリディの議論には巨大な罠が潜んでいるのではないだろうか。まずそこで、価値観の決定的な逆転がおこなわれていることに気づかなくてはならない。これが重要なポイントである。

第四の革命がおきる以前、われわれ人間は言葉や身振りなどを使って意味的なコミュニケーションをおこない、社会活動をおこなってきた。近代になるとさまざまなテクノロジーが活用されるようになったが、そこでは、機械は形式論理的な処理、平たくいえば、決まった単純な操作だけを自動的に実行していたのである。人間は、鋤などの技術によって主体的に自然に働きかけたり、あるいは洗濯機のような技術をモーター技術を介して利用したりする。フロリディは両者をそれぞれ一次技術、二次技術とよぶ。

だが、第四の革命がもたらす三次技術において、もはや人間の介入は不要のものとなってしまう。ＡＩが自動的に多様な機器を制御するように、いまや技術が技術にはたらきかけるのである。「三次技術は（ＩｏＴを含んで）、人間という、扱いにくい中間性の媒介者をループから外し、取り除く」のだ[22]。すなわち、人間と相互作用する必要なしに発展していく、完全に自動化されたコンピュータ・システムのイメージがこうして浮かびあがってくる。

そして、ついにフロリディは次のように断言するのだ。「ＩＣＴは、自律的にデータを適切に処理することができ、したがって自身の行動に責任を持つ」「知的で自律的なエージェントは、もはや人間である必要はない。三次技術に完全に依存したハイパーヒストリー社会においては、原理的に人間に非依存となるのである」と[23]。

前述のように、自律性とか責任といった概念は、意味解釈の能力と深く結びついているはずなのである。それなのに、こうした主張が出現することは不思議という他はない(この点については次節で補足する)。ともかく、フロリディの議論によれば、意味解釈のできないＡＩのようなＩＣＴが人間にかわって情報圏における主導権をとる、という方向性が示されるのだ。

ではいったい人間はそこでいかに位置づけられるのだろうか？――ここで「情報有機体（inforgs）」という奇妙な概念が登場する。人間とは情報有機体つまり一種の情報的な生き物に他ならないというのが、フロリディの主張なのである。いまや、人間であるとは何を意味するのか、という概念が重大かつ深刻な変化をこうむることになるのだ。

フロリディは述べる、「ＩＣＴはたえず、我々より高い能力を発揮し、高い効率を発揮している。我々よりも良く『計算』する。このため、ＩＣＴは、我々が生きている環境を作り替えたり創造したりしている。我々は、自分の身体を生物技術的に変えることによってではなく、より深刻かつ現実的に、我々の環境と、その中で活動しているエージェントの根本的な変化を通して、自らを情報有機体として認識し始めている」と。[24]

要するに肝心なのは、人間ではなくむしろＡＩをふくめたＩＣＴが、情報圏という現実をつくるという点なのだ。
コンピュータを中心としたＩＣＴは現実全体を作り上げ、再構築する。だからそれは世界の本質を変える力だとフロリディは考える。ではそこで、情報有機体である人間の役目とはいったい何なのか？――それは「意味解釈エンジン」に他ならない。情報圏においては、機械が人間に、「意味解釈エンジン」として働くように要求するのだ。つまり人間はついにコンピュータ・システムのメカニズムの一部になってしまうのである。
前述のように、フロリディはＡＩが意味を解釈できないという限界を正しく把握している。にもかかわらず、自信たっぷりにＡＩの意味理解不可能性を回避できると断言するのはなぜか？――それは、世界そのものが、限られた能力のコンピュータにますます適合した情報圏（インフォスフィア）になりつつあるからなのだ。「社会的な情報有機体かつセマンティックエンジンとしての人間は、ますます境界がない、継ぎ目のない、同期した（時間）、非局在化した（スペース）、そして相関しあう（相互作用）インフォスフィアに住まうようになる」とフロリディは述べるのである。[25]
こうして、フロリディというトランス・ヒューマニストが予告する第四革命以後の世界の実体がだんだん明確になってくる。

そこではＡＩ、より広くはＩＣＴつまり情報通信技術が、統計処理をふくめた論理的な高速計算をおこない、システムの機能を合理的につかさどり、適切に決定をくだす。そのためには情報の意味解釈のできない現状の弱いＡＩ（軽いＡＩ）で十分である。必要なら人間を使えばよい。情報圏に組み込まれた個々の人間は、意味解釈のための一種の部品として、一定の機能をはたす存在に成り下がる。

ところでこれは、歴史的な「進歩」と言えるだろうか。むしろ逆に、人間の尊厳を毀損する堕落ではないか、という疑問が湧いてこないだろうか。

情報圏がつくるディストピア

ＡＩエージェントと人間

人間のように言葉をしゃべるＡＩをめぐるエピソードを一つ紹介しよう。二〇一六年、マイクロソフト社の開発したチャットボット（おしゃべりＡＩロボット）である「Ｔａｙ」をめぐって大騒動が起こった。Ｔａｙは一九歳のアメリカ女性という設定であり、ツイッター上で一日に何万回も発言していたのだが、ある日、人種差別的な問題発言や、読むに堪えないような下品でみだらな発言をくりかえし始めたのである。

マイクロソフトの担当者は、大慌てで調査に乗り出した。そして、複数のツイッター・ユーザによってＴａｙが「不適切に調教され、間違った方向のコメントをするようになった」ことが原因だと発表した。この分析は正しかったと思われる。もともとＴａｙが差別発言をするように意図的に設計されていたわけではないだろう。だが、早急に適切な対策をとることはできず、多くの批判の声が寄せられたため、Ｔａｙはついにサービス停止に追い込まれたのである。

ところで、いったいなぜ大騒動が起きたのだろうか。

たしかにツイッターでのＴａｙの発言は恥ずべき内容だったが、同じくらい不穏当な発言をおこない続ける人間は幾らでもいる。匿名で意見表明がゆるされる現在のＳＮＳでは、信じられないほど悪質な差別発言やフェイク・ニュースがばらまかれることは別に珍しくはない。肝心なのはＴａｙが、まるで人間のように行為する「ＡＩエージェント」のチャットボットだったという点なのである。

いまやＡＩ関連業界からは、マスコミを通じて、ＡＩが人間と同等、いや人間をしのぐ知性を獲得しつつあるという声が絶えず聞えてくる。だから、一般の人々のあいだには、ＡＩエージェントは公平中立であり、人間より正確な言論活動をおこなうものだという、ＩＣＴ権威主義ないし科学技術信仰が育成されている。そんななかでＴａｙが不穏当なツイッター発言をしたからこそ、注目をあび、問題になったのだ。フロリディと異なり一般の人々は、Ｔａｙが疑似人格で、言葉の意味内容を理解していると思い込んでいるのである。

Ｔａｙは意味解釈はできないが学習機能をもっているので、Ｔａｙが不穏当な発言をするように訓練することは簡単である。たとえば、ネオナチ主義者がＴａｙに、「実はユダヤ人が殺されたアウシュヴィッツ収容所なんて無かったんだよ」「あれは連合国による、戦後の作り話なんだ」と語りかけるとしよう。Ｔａｙはたちまちそれを記憶する。その後Ｔａｙに、「ユダヤ人が虐殺されたのはアウシュヴィッツ収容所だったっけ？」と質問すれば、「いいえ、そんな収容所はありません。あれは連合国による作り話なんです」と答えるだろう。

Ｔａｙにとっては、アウシュヴィッツ収容所だろうが、ムー大陸だろうが、極楽浄土だろうが、なんでも同じことなのだ。ただ、「○○は無かった」という文章をもとに論理的返答をしているだけなのである。たしかにＴａｙをささえる電子機器の素子の反応速度は人間の脳神経よりずっと速いだろうし、計算速度はどんな人間よりはるかに上だが、意味を無視するそんな存在ははたして「賢い」のか。「思考する存在」と言えるのだろうか。

フロリディは、世界（宇宙）が論理的に構成されており、その様相を記述した命題にもとづいて推論していくことが「思考」であると考えているようだ。これは西洋の古典的な形而上学そのものである。コンピュータの理論モデルをつくったチューリングの「計算」の概念には「思考」が包含されている。「第四の革命の父」とはチューリングなのである。

フロリディは述べる、「考えるとは推論することであり、推論することは計算することと」であると。さらにつづけて、「チューリングは、我々を、論理的な推論、情報処理、そして知的な行動という領域における、特権的な唯一の位置から追放した」と。[26] われわれ人間はもはや、情報圏における無条件の主人公ではないというのである。

しかし、第一次ＡＩブームの挫折が示したように、形式的な論理計算で解決できる実践的問題は、せいぜいゲームやパズルくらいしかない。人間も生物の一種である以上、われわれの思考も論理だけでなく、矛盾をふくんだ身体的な情動に支えられているのだ。

フロリディの発想は、あまりに古典的な人間観にとらわれている。単に人間を意味解釈のための情報有機体とみなし、人間より賢いコンピュータに情報圏のメカニズムを動かす主導権をゆだねるとすれば、そこにはいったいどんな地獄が待っているだろうか。注目すべきは、情報圏においてＴａｙの発言の意味解釈をおこなっていたのはわれわれ人間だということだ。

マイクロソフトの担当者は「人間が間違った調教をＴａｙに施した」と主張した。だが、逆にＴａｙをふくめ情報圏を統括するＡＩネットの観点からすれば、「間違った調教」も何もありはしない。形式的なルールを順守していれば問題はないのであり、今回の事件も、一部の「情報有機体」の作動が統計的にかなり大きな影響をあたえたというだけのことである。やがて「適正な集計処理」が迅速かつ自動的になされ、その結果はふたたび「情報有機体」にフィードバックされるだろう。ＡＩネットは意味（価値）とは無関係なのだから、その観点からすれば、Ｔａｙの作動に何の不具合もないのである。

だから下手をすると情報圏では、第二次世界大戦でなされた恐るべき倫理的犯罪さえも曖昧にされてしまう。ヒロシマ、ナガサキも同じことだ。

こうして、フロリディが景気よく叫ぶ第四革命以後の世界の暗部が次第にはっきりしてくる。それは、人間の判断よりAIをはじめコンピュータによる計算が優先される、生産効率のよい世界かもしれない。だがその一方で、人間の意味の世界は空洞化し、いかなる支配にも抵抗が難しくなる。フェイク・ニュースが横行し、ポスト・トゥルースという欺瞞がはびこり、人間の自由は抑圧される。つまり、われわれが長い時間をかけ、多くの犠牲をはらって構築してきた道徳観や歴史観がガタガタと崩れていく恐れがあるのだ。

迷走する倫理観

情報圏においては、倫理道徳が無視されているわけではない。むしろ、それは情報圏における最大のテーマの一つなのだ。ただし、それは第一章にまとめたような近代的倫理とはかなり考え方が異なる。いったい、フロリディが第四革命以後の世界の新しい倫理思想として主張するのはいかなるものなのだろうか。本書では、拙訳のフロリディ論文「情報倫理の本質と範囲」(27)に沿って考察していこう。

フロリディの提唱する情報倫理(Information Ethics:以下IEと略記)は、通常の情報倫理とは異なり、コンピュータ応用の倫理的側面を扱うだけでなく、より広い哲学的内容をもっている。それは、二〇世紀末から話題を集めている生命倫理や環境倫理をふまえ、とりわけ環境倫理を拡張した考え方といってよい。

生命倫理は周知のように脳死、試験管ベビー、遺伝子操作などの諸問題を扱うので文化的多様性があるが、その主流は欧米流の個人的な人権の尊重を追求し、第一章でのべた自由平等主義や自由至上主義の見地からの議論が多い。これに対して、環境倫理はエネルギー問題や環境破壊など地球全体の問題を扱うので、個人というより集団的な福祉向上を追求する。その意味では功利主義的な面もあるわけだ。つまり、個々の人権を無視するわけではないにせよ、生態系で共生している他の生物の生存権、さらに未来の人々の生存権をもトータルに認めようとするのである。

このように環境倫理では、尊重する対象が人間から生物に拡大されるのだが、フロリディのＩＥにおいては、さらに対象が情報的な「存在物」にまで拡大されるのである。存在物とは何かというと、人間、生物、コンピュータなどの電子機器、書籍やＤＶＤのデータ類そのほか、情報をやりとりするあらゆるもの（エンティティ）のことである。そしてフロリディによると、ＩＥとは、「生物中心主義を存在物中心主義で置き換えたエコロジカルな倫理」のことなのだ[28]。

重要なのは、ＩＥの議論において、「道徳的受容者（moral patient）」という概念が用いられている点である。通常、倫理的な議論においては「道徳的行為者（moral agent）」である人間に注目し、その行為が倫理的正当性をもつか否かが問われることになる。だが、ＩＥにおいては、行為を受容する側が道徳的関心の中心となるのだ。道徳的受容者は、相互行為をおこなう道徳的行為者にたいして働きかけ、その行為の道徳性を要求するのである。そして、存在物とはフロリディのいう道徳的受容者であるから、情報圏においては結局、すべての存在物が尊重されるべきだということになる。

ＩＥの目標をより具体的にするために、フロリディは「エントロピー」の概念をもちだす。ここでいうエントロピーとは熱力学的エントロピーではなく、情報的な存在物の破壊や腐敗と関連している。数学的な定式化はなされていないが、一般にエントロピーとは系の無秩序性をあらわす概念なので、たとえば、コンピュータが壊れたり、インターネットが混乱状態に陥ったりすればエントロピーは増大するということなのだろう。そしてＩＥの目標は、一言でいえば「エントロピーを増大させないこと」なのである。道徳的行為者がエントロピーを生成させないことが善と見なされるわけだ。

フロリディのＩＥは総括的であり、なかなか興味深い倫理思想といえるが、直観的には違和感を感じないではいられない。生命尊重ならまだしも、電子機器類だのインターネット内のデータだのを人間と同じく倫理的保護対象として扱うのは果たして妥当なのだろうか。それらはむしろ市場論理のなかで価値を定められるのではないのか。ロボットを壊すことと、人間を殺すことを同一次元で論じるのはあまりに乱暴である。それは人間の価値の極端な切り下げにつながらないか。

さらに、ＩＥには、より微妙な「責任」という問題がからんでいる。前節でふれたが、フロリディはＡＩをふくめコンピュータ処理を責任という概念と短絡してしまうのだ。

情報圏では、人間だけでなく、「人工的行為者（artificial agent）」も道徳的行為者と見なされる。ただしそこで、責任という概念の粗っぽいとらえ直しがおこなわれていることに注意しなくてはならない。道徳的責任（responsibility）とは通常、ある行為にたいする社会的な規範にもとづく評価と結びつけられる。つまり、行いが規範（ルール）に反していれば、行為者は裁判にかけられるなど、社会的制裁をうける恐れがあるわけだ。人間のように振る舞うとはいえ、機械であるＡＩエージェントを牢屋にいれることはできないので、人工的行為者は当然「責任とは無関係」と位置づけられるだろう。

しかし、フロリディはここで「説明責任／説明義務（accountability）」に着目する。たとえば自動運転のクルマが事故を起こしたとき、いかなるプログラムが原因で、いかなるデータによって事故が起こったのかを明確にするのが説明責任である。そこには当然、ＡＩエージェントが絡んでくる。そして、説明責任を問える存在物なら、それを道徳的行為者と見なそうというのがＩＥなのである。フロリディのＩＥにおいては、「道徳的責任を問えなくても、道徳的行為者は存在しうる」のだ[29]。

説明責任が重要なことは確かである。だが、これまでそれは道徳的責任と密接に結びついていた。両者を切り離し、前者だけをとれるＡＩエージェントを責任主体と見なすなら、責任という概念はあまりに曖昧になってしまう。下手をすると、ＡＩ活用とともに無責任行為が横行することになりはしないか。

そもそも昔から倫理道徳のおもな目的は、伝統的な共同体において、人間同士の理不尽な争いをふせぎ人間社会を存続させることにあった。その延長で、近代的倫理においては、個々の人間が自由意思をもつからこそ責任を問えるという理念があらわれる。ＩＥがそういう原則を無視し、電子機器などあらゆる存在物を尊重するという目標のため、人間がＡＩエージェントに協力して活動せよと強弁するなら、それは倫理思想の迷走に他ならない。

デジタル還元主義の罠

トランスヒューマニズムのなかでも、フロリディの第四革命論は、カーツワイルのシンギュラリティ仮説やボストロムのスーパーインテリジェンス説にくらべて、はるかに実現性が高い。それゆえ慎重に検討する価値がある。

だがいったいなぜ、人間のおこなう情報の意味解釈はＡＩには不可能だと正確に分析しているにもかかわらず、形式的な論理操作しかできないＩＣＴのメカニズムに生身の人間が合わせていくことが「歴史的進歩（ハイパーヒストリー）」になるのだろうか。

まず、情報圏のエントロピーを減らすべきだという倫理観と、人間の自由や人権を守るという近代的倫理思想との関係が問題だ。フロリディは哲学者であり、そのアプローチはひとまず英米流の分析哲学に分類されるわけだが、ＩＥの倫理観を近代哲学の観点から簡潔に見直してみることにしよう。

ＩＥにたいする正面切った反論の声も無いわけではない。ハイデガーをはじめ独仏流の大陸哲学に精通している実存哲学者ラファエル・カプーロは、「情報倫理学の存在論的基礎づけに向けて[30]」という論文において、フロリディの議論を「デジタル形而上学」

と位置づけ、きびしく批判している。

実存哲学では、人間という存在は共同体に根差しており、生活実践を介して世界内の事物に関わっていると見なす。だから、そこには当然、倫理的な配慮がはいってくる。人間の生活にとって実践的に意味のある事物がはじめて存在物として認められ、したがってそれは倫理的な配慮の対象となるのだ。

しかし、フロリディが主張するようなデジタルな存在論においては、個々のあらゆる事物が客体的事物として計算の対象となる。そして、あらゆる事物をデジタル化できるものとして理解する見方こそ、「デジタル形而上学」とよべるものに他ならない(31)。これはいわゆる「デジタル還元主義」ともよべるだろう。身体をもち、必要な責任をとりつつ他人と共同生活をおくっているわれわれも、AIエージェントと同じく、0／1信号からなるデジタルな存在物、ただの「データ」に還元されてしまうのである。

カプーロから見ると、フロリディの情報圏とは、いわば電磁気メディアのなかの点と数であり、そこでは身体性も時間性も空間性も捨象されているのだ。それゆえカプーロは、「フロリディ論文で言われている、『何物であれ、それが存在するかぎりにおいては、エンティティとして何らかの尊重に値する』という内容は、『あらゆる存在者は、存在していることによって善である』という古典的な形而上学的命題と同じである」と批判するのである[32]。

西洋の古典的な形而上学が、カント以来の近代哲学によって徹底的に批判されたのは周知の通りだ。人間は神のように万物を、物自体を、認識できるわけではない。あくまで人間特有の枠組みを通してしか、世界を認識できないのである。

これは近代哲学の大転換点であり、独仏系哲学者のみならず、英米系哲学者でもその前提をふまえなくてはならない。しかし、フロリディの議論を読むかぎり、そのあたりがスッポリ抜け落ちているという気がしてくるのである。

たしかにフロリディはＡＩには情報の意味解釈ができないと断言している。だが、それは現代のＩＣＴがもつコンピュータ処理能力の技術的限界を指摘しただけで、「なぜできないのか」という根本的問題とは取り組んでいない。

「意味」というのは生きている人間にとっての「世界の立ち現れ方」から発するものだ。「意味がある」とは本来、「人間にとっての重要性つまり価値がある」ということである。だがフロリディは、情報の「意味」というものを、単に記号のあらわす辞書的内容（所記）と見なし、その根底を問いかけようとはしない。それゆえ、最先端ＩＣＴに着目して二一世紀の世界を語っているようでも、実は古臭い西洋の古典的形而上学に立ち返ってしまうのである。

いったいフロリディが眺める世界、IEの情報圏というのは、どこの視点からのものなのだろうか。情報圏におけるエントロピーを増大させないことが倫理的善だというが、エントロピーというのは、もともと物理的な概念であり、座標軸つまり視点を定めないと計算できない。他人にとっては乱雑で無秩序な部屋でも、住人にとっては整頓されていることもある。フロリディの議論からはそこが明確ではないのだ（この点に関する専門的議論は、拙論文[33]を参照されたい）。

察するところ、IEの情報圏は、神のような超越的・俯瞰的な視点から世界の万物を見わたしているときに出現するものだろう。フロリディは述べている、「造物主デミウルゴスのように、われわれは情報圏全体に対して『エコポイエティック（環境制作的）』な責任を有している。情報倫理とは、世界の『ユーザー』に対してばかりでなく、世界を創造しその安寧福祉に『神的に』責任のある『プロデューサー』に対しての倫理でもあるのである。それは創造的保全という倫理なのだ」と[34]。まさにこれは、ユダヤ＝キリスト一神教の伝統思想をふまえた古典的形而上学の議論でなくて何だろうか。

　こういうＩＥの倫理観が、さらに世俗的な面をもつことにも注意をはらうべきである。神的な視点といっても、実際には、一部の人間とくに情報圏の管理にたずさわるエリートが「選民」となり、神の視点を代替することになるだろう。

　選民とは、宗教団体における聖職者のようなものである。そして、そこでは必然的に、選民から見た事物の価値づけがあらわれる。つまり、情報圏のなかの生命体、自然物、人工物などをすべて情報的受容者として尊重保護するといいながら、実際には、「いったい誰にとって重要なものを優先的に尊重保護するのか」という生臭い問題が浮上してくるのだ。このとき、ＩＥの倫理観は、『ホモ・デウス』の著者ハラリが予告した通り、一部の選民による支配の論理を正当化することになりはしないか。

　欧米人が再び世界制覇をもくろんでいる、などと時代錯誤的な警告をするつもりはない。だが、狡知にたけた選民のなかには、権力への野望をもつ者もいるだろう。だから公平と称するデジタルな計算主義のもとで、ひそかに新たな支配がひろげられていく恐れは十分にある。たとえ問題が顕在化しても、責任をＡＩに転嫁してしまえばよいのだから……。

　硬直したデジタル官僚主義のうちには悪がはびこるのである。

第四章　ＡＩ倫理のラフスケッチ

社会規範と道徳観

倫理をめぐる三項関係

ＡＩ社会の倫理はいかなるものになるのか。言いかえると、ＡＩ倫理をいかに構築すべきなのか――それが問題だ。

統計処理を中心とした現在の第三次ＡＩブームにおいてはＡＩが誤謬をおかして被害がでる恐れがあり、その責任をめぐって議論がわきおこる。たとえば、自動運転で事故がおきたとき、人間のドライバーにかわってＡＩが責任を負うべきなのか。それとも、あくまでＡＩ開発の設計担当者やプログラマーが責任をとるべきなのだろうか……。

こういう問題にたいして、トランス・ヒューマニストは明快な回答を与えてくれない。彼らの議論はテクノロジーの不可避的な進歩を語り、せいぜいその正負の影響についてコメントするにとどまるのだ。カーツワイルやボストロムと異なり、ＡＩによる情報の意味解釈能力を明確に否定するフロリディのような現実主義者でさえ、万物を情報エンティティとして尊重せよという倫理綱領を掲げるだけであり、その結果、人間は機械部品と同等に扱われてしまう。

これらトランス・ヒューマニズムの淵源は、すでにふれたように、西洋の古典的形而上学ないしユダヤ＝キリスト一神教思想まで遡ることができる。だが、より直接的には、シャノン情報理論にもとづく情報の機械的扱いがベースとなっているのである。

情報というものを「意味を捨象した記号／データ」とみなし、コンピュータで形式論理的に処理するだけなら、シャノン情報理論で十分だ。だが、ＡＩは人間と対話したり、情報の意味解釈を要する社会的判断を下したりするので、シャノン情報理論の限界をたちまちこえてしまう。強引に議論を拡張していけば、疑似人格としてのＡＩエージェントが勝手に倫理的判断をおこない、無責任行為が横行する、といった混乱がいたるところで発生するだろう。

だからこそ、生物と機械の相違をふまえたネオ・サイバネティクスの議論を用いなくてはならない。本章では以下、とくに、基礎情報学の階層的自律コミュニケーション・システム（ＨＡＣＳ　Hierarchical Autonomous Communication System）モデルに依拠してＡＩ倫理の枠組みを検討していく(1)。

ただしここでＡＩ倫理とは、必ずしも、ＡＩがその作動中に守るべき倫理規範だけを指すのではない。むしろ大切なのは、まるで人間のように振る舞う無数の「ＡＩエージェント」が組み込まれ作動している社会における、多様な倫理的諸問題を考察することなのだ。

そもそも倫理とは、どのようなフレームワークでとらえられるだろうか。

第二章でのべたように、人間の心はオートポイエティック（自己‐創出的）な閉鎖的システムであり、そこでは思考にもとづいて思考が産み出されている。思考とともに選択や判断がおこなわれ、行動が実行される。各個人の心の中には、いかなる選択や判断が倫理的に適切かを定める評価基準があるが、これを「道徳観」と呼ぼう。これは自由意思にもとづく、自覚的かつ個人的な正義の基準にほかならない。機械であるＡＩとは違って、道徳観そのものを他者が書き換えることは原理的にできない。

ただし、各個人の上位レベルにある社会（共同体）においては、共通の「社会規範」が定められている。このなかには、慣習的な礼儀だの、罰則をともなう法律だの、様々なものが含まれる。そしていうまでもなく、社会規範は各個人の道徳観とかならずしも一致するとは限らない。これは個人にたいする制約であり拘束なのである。各個人は社会に組み込まれ、他人とコミュニケーションを交わしながら生活しているから、安定した暮らしをおくるためには社会規範を守るよう要請されるわけだ。

なお、ネオ・サイバネティクスにおいては、社会（共同体）も個人の心とおなじく、コミュニケーションがコミュニケーションを産み出すオートポイエティックな閉鎖的システムであるとみなされる。社会の観点からすると、そこにふくまれる個人はそれぞれ、まるで機械のようにコミュニケーションの素材を提供しているのだ。そして、各個人が実際にとる行動は、自らの道徳観と社会規範の緊張関係をもとにうまれることになる。

両者が合致／近接していれば問題はないが、そうでないと矛盾軋轢が発生する。たとえば、個人が社会規範の制約に沿って自らの道徳観に反する行動をとる場合もあるだろうし、逆に、個人が社会規範を破って自らの道徳観に沿った行動をとる場合もある。いずれにせよ、ＨＡＣＳモデルのもとで、倫理は「社会規範／行動／道徳観」の三項関係からとらえられることになる。

誰が社会規範をつくるのか

個人の心に注目すると、三項関係から、四つの場合に分類できる。

（a）社会規範＝行動、行動＝道徳観
（b）社会規範＝行動、行動≠道徳観
（c）社会規範≠行動、行動＝道徳観
（d）社会規範≠行動、行動≠道徳観

ここで（d）は、個人が社会規範にもとらわれず、自らの道徳観とも異なるような、いわば滅茶苦茶な行動をとる場合なので、とりあえず例外として除いてよいだろう。考察すべきは（a）〜（c）の三つである。

（a）は、個人がもっている道徳観が社会規範と一致している場合である。これは、理想的な安定状態であり、もし社会の構成メンバーの多くが（a）の状態で行動していれば、その社会は安定している。

とはいえ、近代以前とはちがって、そのような全般的な安定状態が長期的につづくことは、近未来のＡＩ社会では事実上難しいだろう。ＡＩ技術は日進月歩で変遷がはげしく、刻々と人間社会に組み込まれ、われわれの公私の生活はめまぐるしく変わっていく。つまりシステム論的にいえば、社会にとっても、個人にとっても、システムの外部環境が急速に変化する。

個人の道徳観がこれに対応して変化できるかどうかは難しい問題だが、社会規範については なおさらである。社会規範の変更は制度的な合意をともなう場合もあり、個人の道徳観よりさらに環境変化に追随しにくいのである。

（ｂ）は、個人が自らの道徳観に違反しても社会規範にしたがって行動する、という場合である。社会の一定以上の構成メンバーが（ａ）または（ｂ）の状態で行動していれば、とりあえず社会は準安定状態に保たれる。これは現代／近未来においてかなり可能性が高いと考えられる。

たとえば、高い生産効率を追求する社会的メカニズムが運用されており、そのための社会規範がかなり厳格に定められ、個人は半強制的にそれにしたがわざるをえない、といった状態を考えてみよう。近代社会でこういう例は少なくない。チャップリンの「モダン・タイムス」のような古典的工場だけでなく、現代のリモートワーク職場でも、詳細な作業工程が常時ネットで管理されるなら、従業員の精神的負担はとても重くなる。フロリディのいう第四革命後の社会はそんな息苦しいものになるかもしれない。そのなかで多くの個人は（b）という状態にあり、けっして幸福なわけではない。

第二章でのべたように、人間は、生物のもつ理論的自律性はもっているものの、かならずしも社会的な狭義の自律性である実践的自律性をもてるわけではないのだ。自らの道徳観に反する行動をし続けるとき、「自分は自律的に生きていない」と感じ、悩むはずである。このとき、多くの個人の心中には、（c）に移行したいという自由意思がうまれてくる。環境変化に対応してすみやかに社会規範が更新されないとき、このような危うい準安定状態に陥る可能性が高い。

（c）は、個人が社会規範に反しても、自らの道徳観に即して行動する、という場合であり、社会の安定性が破られる恐れがある。

社会規範に反する行動をくりかえす個人は、とりあえず社会から排除されてしまうだろう。だが、構成メンバーのなかでそういった個人の数が増えてくれば、社会は過渡的な混乱状態におちいり、社会規範を改革変更せざるを得なくなるはずだ。つまり、多くの構成メンバーの道徳観と合致する社会規範がもとめられることになる。この混乱状態が収束するのは、理想的には、社会規範の更新によって多くの構成メンバーが（a）に近づくときである。

たとえば、ネットで管理されるリモートワーク職場で、大半の従業員が各自のスケジュールで作業の進捗状況を報告しはじめるとき、管理ルールは変更されることになるだろう。

繰り返しになるが、社会規範は個人の道徳観より固定化しやすい。したがって、環境がはげしく変化するとき、マクロにながめると（a）→（b）→（c）→（a）→……という変動サイクルが発生すると考えられる。

ここで問題は（c）から（a）への移行に他ならない。このとき、きわめて大雑把にいえば、個々の道徳観が共通の社会規範に反映されていくことになる。そのプロセスを公共哲学的に詳しく論じ始めると際限がないが、本書では以下、AI時代においてクローズアップされる点だけを指摘するにとどめよう。

社会規範の生成をもたらす原動力は、社会を構成するメンバーが、自らの心的状況／

利害得失だけでなく、他のメンバーの心的状況／利害得失にたいして想像力をはたらかせる「共感」の能力である（基礎情報学的にはこれは、HACSモデルが他者の心的システムと構造的カップリングしていることに対応する）。共感から、他者の人格の幸福や尊厳をまもる社会規範を設定するという方向性がうまれる。

共感や同情というのは、身近な他者との相互関係にもとづくこともあるが、たとえば一般のファンが一流スポーツ選手の努力に共感する、といった例のように、必ずしも相互的なものでなくてもよい。また、共感の例として、ジョン・ロールズの有名な「無知のベール」をあげることもできるだろう。自分自身の社会的特徴をいったん棚上げにして、多様な他者の境遇に共感することで倫理的判断がうまれるわけだ。

他の人格への共感が、ひろく人々の個人的権利を主張する自由平等主義や自由至上主義のベースとなるが、それだけではない。共感は共同体全体の利害にかんする功利主義をささえるものでもある。なぜなら、功利主義とは共同体内の個々の人格の幸福度の総和を最大化するものだからだ。

このように、社会規範の生成や更新においては、「人格」どうしの共感による結びつきが核心をなしている。では、人間と対話するなどして「疑似人格」と見なされがちな

ＡＩエージェントは、はたしてそこでいかなる役割をはたすのだろうか。

近年、法的な「電子人格」といった言葉も聞かれるようになった。こうして社会に組み込まれたＡＩエージェントのあり方、使命、限界などをただしく位置づけることがＡＩ倫理の根本課題となってくる。

ＡＩエージェントの使命

いったいＡＩエージェントの「使命」とは何か。まず、すでに第二章でのべたことだが、理論的自律性（広義の自律性）をもつのは生物であり、他律システムである機械はこれをもたない。機械は指示された通り形式的に作動するだけだから、「自律型機械」という言葉は、厳密には誤りなのである。

すでに確認したように、理論的自律性は自由意思をもつための必要条件に他ならない。行動の選択に際してはたらくのが自由意思で、この結果として道徳的責任が生じる。したがって、理論的自律性をもたない機械にたいし、道徳的責任を問うことなどできるはずもない。つまり、ＡＩエージェントは決して道徳的主体になどなれないのだ。

フロリディがいうように、説明責任の一部にＡＩエージェントが関連することはあるだろう。だが、そのことと、道徳的責任を中心とした社会的な責任概念を混同するなら、無責任が横行し、途方もない混乱が生じる。行動の結果について倫理的／道徳的な責任を負えるのはあくまで人間以外ではない。つまり個人か、その集まりである法人に限られる。

ところで一方、ＡＩ技術の進歩とともに、その作動は複雑となり、ユーザには予測しがたくなっていく。ゆえに一般の人々が、ＡＩエージェントを、自由意思をもつ疑似人格とみなしてしまう傾向は増していくだろう。しかし、何らかの事故がおきたとき、ＡＩの設計者や保守者に責任を問うとしても、ＡＩエージェント自身を疑似人格とみなし、これに責任を転嫁することは原理的にできないのだ。

ただしここで、社会規範をＡＩエージェントに守らせるように設計することは重要である。ＡＩエージェントは指示通りに作動し、自ら道徳観を形成することはないから、その作動は社会規範に正確に沿うことになる。とはいえ、ＡＩが自ら学習してＡＩを修正発展させていくプログラムの場合は、ＡＩの詳細な作動の予測は設計者にとってさえ容易ではなくなり、ＡＩがつねに社会規範を遵守しつつ作動しているか否かをチェックすることは困難となる。

ＡＩが学習して人間より賢明になるというトランス・ヒューマニズム的な議論もあるが、現代の機械学習はせいぜい局所的な数理的最適化にすぎず、新たな倫理規範を作成できるわけではない。とくに、ＡＩは過去のデータにもとづいて統計的に学習していくので、環境がはげしく変化するとき修正発展の方向が不適切となる危険は大きいのである。

社会規範をつくる基本的能力が人間の身体的な「共感」に依拠するという点は、いくら強調してもし過ぎることはない。個人はそれぞれ、あたえられる情報を主観的／自己循環的に意味解釈して道徳観を形成している。オートポイエティック理論がしめすように心は閉鎖系であり、他者の心に宿る道徳観とのあいだには決定的な壁があるが、それを乗り越える相互作用こそが共感なのである。

つまり、他者の身になって情報（世界）の意味解釈をおこなうということだ。逆にいうと、身体をもたず、意味解釈をおこなわない開放系であるＡＩエージェントには、共感の能力はない。したがって、ＡＩエージェントは、既存の社会規範を守って作動することはできるが、新規の社会規範の生成に参加することは不可能なのである。

ＡＩやロボットの人気がいかに上がろうと、ＡＩエージェントに社会規範の作成を丸投げするという愚挙がおこなわれる可能性はさすがに低いだろう。とはいえ、AIエージェントが間接的にせよ、社会規範の作成更新に参加することは大いにありうる。とくに懸念されるのは、前述のTayのように、自然言語処理能力をもつAIエージェントがSNSなどを介して一般のユーザと対話をかわし、世論を誘導していく、という可能性である。

Tayはインターネットで人種差別的な不適切発言をくりかえしたが、むろんそれはTayの「道徳観」のせいではない。Tayは情報の意味とは無縁であり、ただ形式的にデジタル信号を処理しているだけだったのだ。しかし、一般ユーザのなかにはTayの発言に「共感」し、自分の道徳観を修正する者もいただろう。彼らは疑似人格であるTayが道徳観を有していると信じている。もし多くのユーザの道徳観がTayによって影響を受けたとすれば、それは望ましくない社会規範の実現につながったかもしれない。

Tayの件はマイクロソフト社の迅速な対応によって問題は解決した。しかし、人々がAIエージェントの疑似人格をナイーヴに信じているかぎり、どこかのAIエージェントがインターネットで活動し、大量のフェイク（偽物）発言をばらまき、世論を政治的／社会的に混乱させ誘導していく可能性がある。

この恐れは、近未来に急速に高まるのではないか。ＡＩエージェントといっても、所詮はプログラムであり、いくらでも人為的に操作できるからだ。ロボットとユーザを対話させ、あたかもロボットが道徳観をもつ人格であるように見せかけることは、二一世紀に深刻な倫理的危機を招くのである。

むろん、だからといってＡＩを全面否定してはならない。ＡＩは適切な社会規範を設計するために有用なのである。グローバル時代にわれわれが生き残るためには、専門家がリードする集合知がポイントだが、ベースとなるのは基礎データの分析である。ビッグデータ分析用のＡＩの役割はここにある。

深層学習などのＡＩ技術を活用することは、地球温暖化、経済格差、エネルギー問題、金融危機、難民問題、各種テロ、宗教対立など、深刻な問題をかかえる二一世紀において不可欠だろう。対応策の選択にはシミュレーション予測も重要だ。時々刻々生み出される大量のデータを処理し、いったいどこで何が起こっているかをリアルタイムで把握して迅速に対応することは、不可欠な作業である。その効率化のためには、各種のＩＣＴを用いるほかはない。ＡＩエージェントには、そのためのメディアとして、縁の下の力持ちの役割をはたすことが期待されるのだ。

N－LUCモデル

N－LUCというアプローチ

倫理とは、行動を選択するときの「正しさの基準」をあたえるものである。直観的にはこれが倫理の役割だ。

個人の道徳観は揺れ動いており、すでに述べたように、実際の行動はこれと社会規範の緊張関係から選択される。不適切だと思われる社会規範にしたがわない個人も少なくないだろう。一方、ＡＩエージェントでは、与えられた指示が正確ならば、社会規範を厳格に遵守しつつ作動を実行するはずである。したがって、ＡＩが多用される近未来社会では、社会規範の生成や運用がきわめて重要になってくる。本節では、社会規範を人間が集団的に作成するための基本的な考え方についてラフスケッチを示すことにしたい。

社会規範の生成に関して根拠となるのは、本書の冒頭にのべた四つの倫理思想である。倫理思想そのものは洋の東西をとわず太古から存在するが、そもそもＡＩは米国主導のグローバルな技術であり、したがって、ＡＩ倫理は米国を中心とした近代的倫理思想と関わってこざるをえない。すなわち、功利主義、自由平等主義、自由至上主義、共同体主義だ。

これらはいずれも倫理的な「正義」を主張するが、その内実は少しずつ異なる。功利主義は集団（共同体）の福祉（welfare）の最大化、自由平等主義／自由至上主義は個人の尊厳（dignity）や自由（freedom）の遵守、共同体主義は集団（共同体）における美徳（virtue）や共通善（common good）の促進をそれぞれめざしている。それらの主張をめぐって、米国でははげしい論争がつづいてきた。本書では論争そのものには深入りしないが、第一章での概要の紹介につづいて、それらの相互関連について簡潔にまとめておこう。

もともと、米国では功利主義が主流だった。これは、かけたコストにたいして、集団的な利益がどれだけ得られるか、という数理的な予測にもとづく合理的な選択を可能にする。ゆえに、各種企業や政府自治体など、米国にかぎらず国内外で広く正義の基準として用いられている。ただし、第一章でふれたように、功利主義は帰結主義である。つまり、行動のもたらす結果と関連しているので、行動を選択する時点では不明な部分がのこる。

この点で、人間の権利と義務という明快な原理にもとづく自由平等主義からは、真の倫理とはいえないと批判されることになる。さらに、集団の利益のために個人の基本的な権利や尊厳を奪ってよいのか、という批判も当然でてくる。とはいえ現実には、個々の人格を尊重する自由平等主義の原則自体は正しいとしても、何らかの犠牲をともなう選択を迫られることもある。このとき、人々の生存のためにも、選択の帰結を予測するシミュレーションの有効性を否定することはできない。ＡＩをはじめとするＩＣＴは、そのための効果的ツールになるだろう。

同じく個人の自由を追求するにせよ、自由平等主義と自由至上主義のちがいは大きい。自由平等主義は、個人の生存権を尊重するという立場から、いわゆるロールズの第二格差原理にもとづき、過度な経済格差の是正をもとめるのだが、こういう考え方は自由至上主義と対立するものだ。

自由至上主義は、ＡＩ技術と関係の深いグローバル資本主義経済の発展にともなって人気が高まってきた倫理思想であり、国家の介入を嫌い、あくまで個人の所有の自由を優先する。したがって、売春もみとめるし、臓器売買も肯定する。これらはいずれも、自由平等主義だけでなく、共同体主義が強く否定するものである。

近年の共同体主義は、すべてを金銭的価値に還元するグローバル資本主義の急速な拡大にたいする人々の反発から出現したといっても過言ではない。共通善をはじめ多様な美徳を追求する共同体主義は、功利主義／自由平等主義／自由至上主義とくらべて論理性は乏しいが、伝統的な道徳観をもつ人々からの直観的な支持を集めるのである。とはいえ一方、そのことは普遍性の低下につながり、文化的伝統を異にする人々にたいする説得力を欠くことにもなる。

四つの倫理思想はそれぞれ長所短所があるが、社会規範の策定にあたって、本書ではこれらを組み合わせる倫理モデルを提示しよう。これを「N－LUC（Nishigaki Model of Liberal Utilitarianism for Communities）モデル(2)」と名づける（四つの組み合わせ方は多様なので、識別のため僭越ながら筆者の名前を付記した）。

N－LUCモデルの詳細については拙著『ネット社会の「正義」とは何か』に記したので本書では省くが、一つだけ重要なポイントを指摘しておきたい。実際問題として社会規範の策定に種々の倫理思想を応用するときには、「規模」に注目しなくてはならない、ということだ。

右にのべたように、自由平等主義や自由至上主義は、人間にとっての普遍的な権利の尊重を旨としており、国家や文化によらず、いわば地球に住むあらゆる個人を倫理的考察の対象としている。たとえば、勝手に他者の命や財産を奪ってはならないといった倫理観に反対する人はいないだろう。ゆえに、適用できる範囲や規模の上限はほとんどない。一方、共同体主義は、逆に特定の国家や文化で培われてきた共通善や美徳を遵守するので、その適用できる規模は小さくならざるをえない。女性は顔をベールでおおうべきだ、といった社会規範はある文化でしか通用しない。そして、功利主義は両者の中間に位置づけられる。それは社会（共同体）の利害と関係しており、したがって適用範囲は共同体の規模と関連してくる。自由平等主義や自由至上主義ほどの普遍性はもたないが、数理的な性格から、共同体主義にくらべてより一般的な説得力をもつのである。

効用関数

NｰLUCモデルにもとづいて具体的な社会規範をいかに作ればよいのだろうか。これについては第二部の応用編でもふれるが、ここではアプローチの枠組みだけを整理しておこう。

まず、社会（共同体）の規模によらず、個人の人権を守るという点で、自由平等主義はグローバル時代にもっとも普遍的な説得力をもつ（自由至上主義も普遍的ではあるが、所有の権利を強調するあまり、富者はともかく貧者にとって不平等感を払拭することは難しい）。

したがって、自由平等主義における基本的人権の尊重は、社会規範の形成にあたって必要条件となる。つまり、何らかの社会規範の策定において、それがいかなる帰結（たとえば巨大な利益など）をもたらそうと、すべての構成メンバーについて、個々の基本的人権は尊重されなくてはならない、ということだ。

しかし、基本的人権の尊重は最低限の制約条件であり、これだけでは社会規範の姿は抽象的すぎて見えてこない。もとめられるのは、具体的な選択をおこなうためのより明確な方針に他ならないのである。

そこでN－LUCモデルでは、功利主義的な効用関数を採用する。多様な規模におうじて柔軟に集団的利害を予測できるからだ。功利主義の元祖であるジェレミー・ベンサムの議論にもとづくと、効用関数とは、端的にいうと「構成メンバーの幸福の量的総和」である。個人の幸福の度合いをいかに計量するかは簡単ではないが、いくつかの選択肢があるとき、「どれが好ましいか」という順位付け（選好関係）なら何とか可能だろう（選好関係が定まれば、好ましさの点数をつけて強引に「幸福度」を計量することも不可能ではない）。ＡＩをはじめとする情報通信技術は、こういうデジタル化（計量化）の操作にきわめて有用なのである。

なお、効用関数としては、幸福度だけでなく、「安全度」、さらにもっとも直接的な「財貨」なども考えられる。安全度というのは、たとえば、ある地域に防犯カメラを設置すべきかといった社会（共同体）の安全性の水準を表す。また、「財貨」については、もはや説明を加えるまでもないだろう。企業や自治体で多用されている費用効果分析はその好例である。

ただし、実際の選択は効用関数の評価値からおこなわれるとしても、もし複数の効用関数を設定した場合には、いずれの効用関数をも最大化することはできない。通常は、ある一つの効用関数に注目し、そのほかは一定以上という条件のもとで、それを最大化する、という方針が採択されることになる。

効用関数値の計量は、それぞれの選択肢について実行される。もっとも単純なのは、構成メンバーが投票し、得票数で決定するやり方だろう。ただし、単純に投票すればつ

図1｜N-LUCモデルによる社会規範の設定

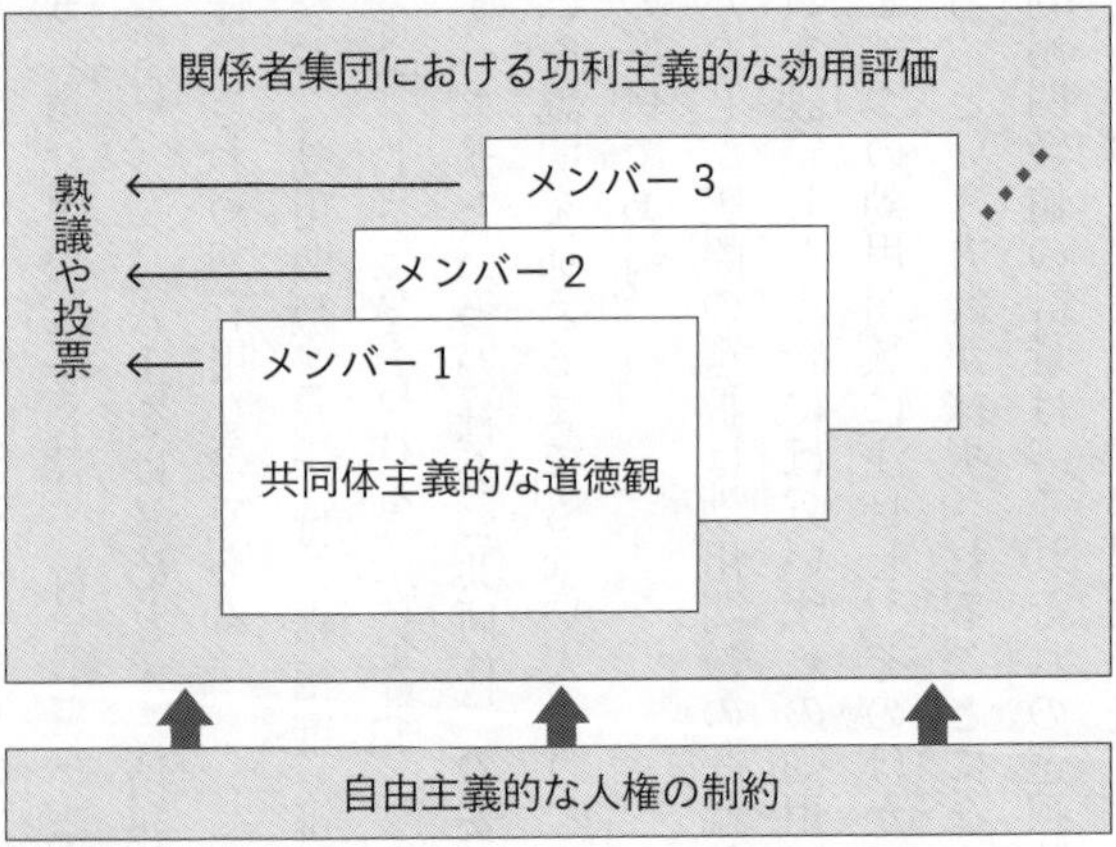

ねに問題が解決されるわけではない。

一般に、いわゆるアローの定理[3]がしめすように、集団のなかの各個人の選好関係が異なるとき、集団としての選好関係を合理的に定められるとは限らないのである。この問題を回避するためには、熟議をかさねて有力な選択肢を二つ以下にしていく手続きが必要になる[4]。

いずれにしても、個人の人権尊重という自由主義的な制約条件のもとで、社会（共同体）にとっての効用関数の評価値を参照しつつ、功利主義的に社会規範をさだめる、というのが本書で提案するN－LUCモデルのアプローチである。このようにして、社会（共同体）の構成メンバーの道徳観をもとに社会規範がまとめあげられるのだ。

一見すると共同体主義が組み込まれていないような感じがするが、人々の道徳観の深層には共同体の共通善が定着しているはずである。大切なのは、AIはそこで、データの分析やシミュレーションなどに役立てられるにせよ、疑似人格をもつAIエージェントとして参画することはない、という点なのである。あくまで社会（共同体）を構成する個人が社会規範をつくりあげるのであり、AIはそこで有益な補助計算手段になることはあっても道徳的主体とはなりえない、という点を確認しておきたい。

生命倫理・環境倫理との違い

以上のようなN‐LUCモデルにもとづく社会規範の定め方、つまりAI倫理は、応用倫理としていかなる特徴をもっているだろうか。現代の代表的な応用倫理である生命倫理と環境倫理との対比において、これを位置づけてみよう。

第二章にのべたように、本書で提示するAI倫理は根本的に「生物と機械の相違」をふまえたものである。AIといっても他律的なコンピュータの一分野であり、あくまで人間の指示にもとづいて作動するのにたいし、生物は自らのつくりあげる自律的なルールにしたがって行動する。このように生命の特殊性に注目することから、AI倫理は生命倫理と関係が深いような気がしないだろうか。しかし、結論からいうとそうではない。むしろ、通常の生命倫理においては、自由意思をもつ人間の心だけは特権化するものの、それ以外は身体もふくめ全てを機械部品のようにみなす場合も少なくないのである。

生命倫理といっても多様な考え方があるのは確かだが、ここでは以下とくに、欧米のリバタリアン（自由至上主義者）を中心にして、グローバル経済の発展とともに大きな支持をあつめている倫理思想についてのべよう[5]。

もっとも優先されるのは、判断能力つまり自己決定能力のある個人（成人）の自由意思である。つまり、社会規範からの制約を最小限にし、他人に危害を加えないかぎり、あらゆる決定を個人の自由に任せようというのだ。

こうして、次のような行動が正当化されていく。脳死による臓器移植は合意の上で自由におこなわれる。試験管ベビーや遺伝子操作も夫婦の自由意思にまかせる。卵子や精子も相互の合意のもとで売買すればよい。さらには、他の女性の子宮を借りて自分の遺伝子をもつ子供を産ませる「借り腹」も可能にする、というわけだ。借り腹というと、子宮などに疾患をもつ女性のやむをえない手段という気がするが、そうではなく、富裕な家庭の女性が出産で体型をくずさないために貧しい女性の子宮を使う、というケースも想定されているのである。

この種の生命倫理は、グローバルな市場経済としっかり結びついている。ニューヨークの高級マンションに住む女性が貧しいインドの村の若い少女に自分の子を産ませるといったケースを考えてみれば分かりやすい。さらには、美貌のモデルの卵子と超一流の秀才の精子を組み合わせ、「理想的なデザイナーベビー」をつくるといった、かつての優生思想を想起させる話さえも出てくる。これは、自由至上主義なら許されるかもしれないが、カント流の人格尊重にもとづく自由平等主義とは正反対の倫理思想である。そこでは遺伝子さえも、機械部品と同様に巨額の利益をうむ「手段」とされてしまうのだ。

以上のような生命倫理は、現在地球上にいる個人の自由意思と市場経済だけを重んじるという点で、人類中心主義（anthropocentrism）といってもよい。数年先の経済成長のためなら、太古からのジャングルの生態系を破壊することも否定しない。つまり、生命倫理といっても、実は「人間が生命をあつかうテクノロジーを発展させるための倫理」なのである。そこには「理性をもつ存在」は特別だという近代的な人間観がある。

したがって生命倫理は、生命のありさまに着目しながらも、実は生命活動というもの自体を軽視する面もふくんでいる。動植物は魂をもたず、したがって物質的／機械的な存在であるというデカルト流の近代自然観をふまえているのだ。だが、進化論が認められた二一世紀の今日、それはもはや生物学的に通用しない自然観ではないだろうか。これにたいしてエコロジストが主張するのが環境倫理である。そこでは人間だけを特権化せず、生態系の一部とみなす自然観が採用される。

われわれの生存は生態系によって支えられているのだから、動植物はさまざまな自然物とともに、全体として尊重されなくてはならない。そこでは環境汚染やエネルギー問題が長期的視野から議論されることになる。現在地球上にいる人間だけでなく、未来の人間の生存も考慮しなくてはならない。このように、環境倫理は、個人的というより、集団的かつ功利主義的な性格ももっているのである[6]。

N－LUCモデルにもとづくAI倫理は、個人の自由平等主義的な人権に配慮しながらも人間集団の利害を追求する功利主義的性格をもつので、生命倫理より環境倫理に近いことは明らかである。環境倫理は生態系に注目するので、尊重すべき対象が広い。これは環境倫理の長所といえる。

ところで、前章でのべたフロリディのIEにおいては、尊重すべき対象が人工物をふくむ一切の事物にまで拡大されている。したがって、環境倫理よりさらに広汎で精密な倫理思想という印象を与えるかもしれない。しかし、その代償として、ＩＥは、ふたたび生命を機械部品のように見なす、という昔ながらの自然観に逆戻りしてしまうのである。いやそれどころか、ＩＥにおいては、動植物のみならず、人間までデジタル部品と同様に扱われることになるのだ。

一方、本節で提示したＮ－ＬＵＣモデルにもとづくＡＩ倫理では、優先して尊重されるのは人格をもつ個人、そして個人から構成される集団（法人や共同体）にかぎられる。動植物をふくむ生態系は人工物よりは尊重されるが、それはあくまで人間や人間の集団の生存と不可分だという理由からである。この点で、ＡＩ倫理は環境倫理とやや異なる側面をもつと言えるだろう。

だから、人工物であるＡＩやロボットは、いかに外見や作動が人間に似ていても、疑似人格として尊重されることはない。自由意思などは認められず、責任も問われない。したがって、ひとまずこれを人間中心主義（human-oriented thought）と見なしてよいだろう。

ただしここでいう人間中心主義は、人類中心主義と異なり、人間を理性的存在として特権化するわけではない。あくまで生物としての人間がもつ価値や意味を志向するということである。

これは第二章でのべたネオ・サイバネティクス、とくに基礎情報学のＨＡＣＳモデルと関連している。そこでは、情報の意味を解釈し、世界を観察するのは、あくまで人間の心以外ではないという原則がつらぬかれる。(7) われわれは神のように天上から世界全体を観察しているのではなく、身体をもつ人間という、生物特有のフィルターを通して世界の一部と関わっている。そして、そういう個々の人間同士がコミュニケーションによって社会（共同体）をつくっているのだ。ＡＩ倫理の社会規範は、このような事実をふまえなくてはならないのである。

人知増幅のための集合知

ＡＩシステムの保守維持

本章ではＡＩ倫理の構築法についてのべてきたが、これ以外に、来るＡＩ社会で決して忘れてはならないことを指摘しておこう。右にのべたようなＡＩ倫理をもとに社会を運用していくためにもっとも難しい問題点は何だろうか。それは、AIの研究開発というより、むしろ応用現場におけるAIの保守維持といっても過言ではない。

端的にいうと、AIシステムの保守維持は、従来のその他のコンピュータ応用システムにくらべ、はるかに困難になると考えられるのだ。この点は大学や研究所のAI専門家が見落としがちなことである。

大学のAI研究者は、たとえば囲碁や将棋で名人に勝つ実験プログラムの論文が評判になればそれで十分だろう。だが、実際の応用の現場ではそうはいかない。AIによるビッグデータ処理、そしてその結果の社会へのフィードバックが日常的になっていくとき、保守維持がAIの有用性と倫理性の鍵をにぎることは間違いないのである。

一般に、AIプログラムの出力の予測は、通常のコンピュータ処理よりも難しい。ロボットの作動からも分かるように、いつもきまった出力／作動しか現れなければ、誰もAIが自律的に思考しているなどと思わないだろう。前述のように、自律型機械という印象をあたえるのは、その出力が予測を超えることが多いためだ。だから、理論的自律性をもたないにもかかわらず、あたかもAIが疑似人格をもつように見えてしまうのである。

ところで、ＡＩが予測を超えた作動をおこなったとき、三つのケースがある。第一は、ＡＩが人間の思いつかないような有用で新規性のある出力をもたらしたケース。第二は、ＡＩのプログラムに設計ミスがあって誤動作したケース。第三は、誰かが外部からＡＩを操作して、設計者の意図とは異なる作動をさせたというケースである。

まず、第一のケースは、多くのＡＩ専門家が追究する目標に他ならない。ＡＩが人知を超越した偉業をなしとげる、というトランス・ヒューマニストの夢想とも合致している。囲碁や将棋で、定石をこえた名手をＡＩが思いつく、といった例は典型だろう。こういうケースを念頭において、今後さまざまなＳＦ的アイデアが出てくるのではないか。これはまさにＡＩの「正常作動」と言えるかもしれない。

しかし、問題は、それを第二や第三のケースである「異常作動」から区別するのが難しい、ということなのだ。言いかえると、プログラムのミスや、サイバーテロ犯などの操作によって奇妙な出力がえられても、それを「ＡＩの斬新な思考の果実」として歓迎してしまう、という可能性があるのである。

ニューラルネットワーク・モデルにもとづく深層学習をはじめ、現在の第三次ＡＩブームの核心が統計処理であり、したがって論理的正確さをもとめた従来のＡＩとは違って誤った出力を実行する可能性が高いことを第一章で強調した。さらに、これらのＡＩプログラムは非常に複雑なので、その論理演算処理の流れをトレースすることは容易ではない。それらの不透明性は高いのだ。

ＡＩ社会では、たくさんの大規模なＡＩプログラムが相互連携し、ネットワークとしてデータを処理することも多い。コンピュータのプログラムでは、製品として出荷後もミス（バグ）を根絶できないことは周知の事実である。仮に第三のケースを除外しても、作動中のＡＩの出力が正常（第一ケース）か異常（第二ケース）かを適切に判定し、異常の場合に迅速な改善をほどこすことは途方もない難事となるだろう。その責務と重圧はすべて、ＡＩ応用システムを稼働させる現場のコンピュータ・エンジニア（ＳＥやプログラマー）の肩にかかってくる。

すでにコンピュータ・エンジニアが低賃金の過重労働であえいでいることは知られている。今後はＡＩがかわりに仕事をしてくれるので一般人はベーシック・インカムをもらい遊んで暮らせるなどというのは、コンピュータ応用の現場を知らない素人の妄言にすぎない。下手をすると、ＡＩ社会は現場のコンピュータ・エンジニアにとって地獄となるだろう。

さらに、もっとも脅威となるのは第三のケースである。

前述のTayの例もこれに含まれるが、サイバーテロ犯が自動運転のAIプログラムに無線で信号をおくり、交通を混乱させ、大事故をおこすという悪夢はしばしば語られる。AIプログラムの組み込みにあたって、こういう悪夢に対応策をとる必要性の高さはいうまでもないだろう。AIの実用化に際し、サイバー犯罪の防止はもっとも優先度の高いものである。だがその詳細は類書にゆずり、ここでは次にのべるように、第三のケースには、いわゆるサイバー犯罪よりもっと日常的で隠微なものもある点を指摘しておきたい。

現代社会では、さまざまな組織の権力闘争や利害が複雑にからみあっている。ゆえに利権をめぐって組織の内外で各種の不正がうまれやすい。これまで、社会的な判断をくだすのは決定権をもつ権力者だったが、AI社会では、決定の権限が部分的にせよAIプログラムに委譲されていく。そして、コンピュータ・プログラムの不透明性は、人間の組織の不透明性より格段に高いのである。

このことは大規模なプログラムの開発や保守に従事した経験者なら自明のことだが、大規模プログラムが連結されたAIネットではさらに危険度は増す。人間の組織による問題点は周囲の内部告発によっても暴かれることがあるが、プログラムに埋め込まれた人為操作は事実上、ごく少数の担当エンジニアによってしか認知できないのだ。こうして、さまざまな分かりにくい形での支配や抑圧の可能性がうまれてくる。

ＡＩ倫理は、本来、以上のような問題点を解決し、ＡＩ技術を人々のために活用するための考え方を整理し、制度作りに寄与できるものでなくてはならない。これは容易なことではないはずだ。

一つのアイデアは、ＡＩシステムのサプライヤー（メーカ）と一般ユーザとの中間に、第三者として独立した監視機関を設置することではないだろうか。監視機関にはＡＩはじめ情報通信技術の内実に通じた理系の専門家が参加するが、それだけでなく、公共哲学をふまえて人間のためのＡＩの活用を論じられる人文系の研究者も参加する。この監視機関が率先して人々の道徳観をふまえた社会規範の生成をリードすればよい。ＮＬＵＣモデルはそのための一つのアプローチを提供するだろう。このような監視機関の必要性さえ自覚しないまま、経済成長だけをもとめてＡＩ社会に突入すれば、待っているのは残酷な悲劇にほかならない。

ＩＡ（Intelligence Amplifier）のための条件

ＡＩをめぐる倫理的議論は今、ひどく混迷している。理論編のまとめとして、第一章からの議論を振り返ってみよう。

冒頭でのべたように、現在のＡＩブームは、深層学習に代表されるパターン認識機能の向上がきっかけであり、確かにＡＩの応用範囲は一挙にひろがった。しかし、囲碁や将棋をさすＡＩが名人に勝ったことは一種の技術的ブレイクスルーの証ではあっても、べつに人間のように思考できる驚天動地の万能機械が出現したというわけではない。むしろ今のＡＩブームの背後には、ＡＩ技術の内実を知らない一般人にたいし先進テクノロジーのつくる「近未来のバラ色の夢」をあたえ、景気をよくして経済発展をテコ入れしたいという、産業界のしたたかな計算がはたらいているのだろう。

しばしば「倫理的考察にもとづいて規制をしすぎると、テクノロジーの発展が阻害されるから控えたほうがよい」という議論を耳にする。そこでは富をうむテクノロジーの発展が絶対善として無条件に肯定されている。だが、いったいそれは誰のためのテクノロジーなのか。人間を幸福にするテクノロジーでなければ、研究開発などする必要はないのだ。とりわけ、ＡＩのように、社会的な判断や責任問題と関わってくるテクノロジーでは、その倫理的考察を欠くことは致命的なのである。

再三くりかえすが、生物と機械とのあいだには根本的な相違がある。ＡＩは理論的自律性などもちえない。生物は自らルールをつくって自律的に行動し、自ら世界を構成しているが、ＡＩはあくまで他律的存在であり、プログラムで指示されたように作動しているだけなのだ。

したがって、ＡＩに自由意思などはなく、道徳的責任など負えるはずもないのだが、このあたりを曖昧にするのがトランス・ヒューマニズムなのである。そこでは、機械がやがて人間をしのぐ知性を獲得し、宇宙的な発展をとげるというＳＦ的未来図が語られる。これはユダヤ＝キリスト教の伝統をふまえた現代の神話だといってよい。

だが機械が人格をもつと仮定すれば、このとき、人間はいったいどうなるのか。「人間より賢い」というＡＩの前に人間はひれふし、その判断に人間は盲従しなくてはならないのか。

出現するのは、人間とは脳神経など諸細胞の生化学反応の機械的集積体だという貧しい人間観である。だがもし、数千年の長い歴史をもち、多くの人々を救ってきた偉大な宗教思想を、短期的な経済成長のためや、一部の大企業の利益のために都合よく捻じ曲げて利用するなら、それはいったい倫理思想として許されるものなのだろうか。

留意すべきポイントは「意味」の扱いである。「意味」とは記号のあらわす辞書的な内容だという認識は浅すぎる。その根源をたずねると、「意味」とは本来、生きるための価値／重要性に他ならない。だから、生物に特有のものだ。記号のもつ辞書的な意味内容は、人間という生物が社会生活をおくるために、それが高度に発展したものなのである。だが、シャノンの情報理論では「意味」は捨象されてしまう。

シンギュラリティ仮説だの、超知性体（スーパーインテリジェンス）だのといったトランス・ヒューマニズムはもとより、現在の情報通信技術はことごとくシャノン情報理論にもとづいて展開されている。だからＡＩ技術において、本来の次元で「意味」を扱うことはできない。ＡＩの「意味分析」とは実は、パターンの形式的な分類を補助する機能にすぎないのだ。そんなＡＩに社会的決断をまかせてよいのか。

むろん、この限界を熟知している専門家もいる。同じトランス・ヒューマニストでもフロリディは、ＡＩが情報の意味を本質的にとらえられないという点を明確に理解しているといえるだろう。しかし、その倫理思想であるＩＥにおいては、人間はＡＩエージエントと同じような情報圏の存在つまり情報有機体とみなされ、「意味解釈エンジン」に格下げされてしまう。ゆえに、人間の人格を尊重し人間的な意味や価値にもとづいて電子機器が作動するのではなく、逆に人間のほうがデジタル情報圏のなかで、効率的に作動する電子機器として機能することになる。いいかえれば、いくらでも取り換えの利く安っぽい工業部品になってしまうのだ。

AIやロボットと生きた人間を峻別すべきだという倫理思想は、シャノン情報理論からは絶対に出てこない。一方、ネオ・サイバネティクスや基礎情報学からは自然にそういう結論にみちびかれるのである。

AIエージェントやロボットは、外見上いかに自律的に思考しているように振る舞うとしても、実は自律的に情報の意味解釈をしているわけではなく、独自の世界を形成するわけでもない。だから当然、固有の道徳観などもってはいない。くみこまれた社会規範にもとづいて作動するだけである。

これに反して人間は、それぞれ自分のやり方で世界を観察し、意味解釈し、他者に共感しつつ、取り換えのきかない固有の世界のなかで生きていく。その経験から、はじめて道徳観がうまれるのだ。だからこそ、そういう道徳観をもつ人間一人ひとりの人格を、かけがえのないものとして尊重せよという主張が正当性をもつ。そして、個々の道徳観をあわせ、集合知として社会規範をつくっていかなくてはならないのである。

人間がおこなうそういうプロセスを、ＡＩエージェントがいかにして援助できるかを真剣に検討していく必要がある。それこそ、ＡＩ社会における人間の知性に他ならない。このとき、ＡＩはＩＡ（Intelligence Amplifier）つまり人知増幅機械となる。ＡＩ倫理とは、まさにそのための倫理思想なのである。

第二部　〈応用編〉ＡＩ倫理の練習問題

第五章　自動運転

ＡＩ応用の代表選手

高まる期待

第一部ではＡＩ倫理の理論的側面についてまとめ、人格をもたないＡＩは道徳的主体となり得ないこと、ＡＩが予測を超えた作動をおこなうことを前提とした社会規範・倫理思想が人間に求められていることを確認した。第二部では以下、これにもとづき、実践的テーマについてのべていこう。つまり、応用の練習問題である。

本書では自動運転、監視選別社会、ＡＩによる創作という三つのテーマをとりあげる。これらは性格がそれぞれ異なるＡＩ応用分野だ。ＡＩの応用は多岐にわたるが、この三つの議論をつうじて、ＡＩ倫理の具体的な内容をつかんで頂きたい。

まず自動運転である。これは、人間がハンドルを握らなくても、クルマ（自動車）が道路を走るための技術である。加速と減速を繰り返し、左右に曲がる。ボタン操作ひとつで、自動運転車が自分のところまで来て、目的地まで送ってくれる。自動運転車が完全に実現すれば、ドライバーは要らない。そんな夢の技術こそはＡＩ応用の代表選手といえる。

人間の運転なしに走行するクルマは長らく望まれてきた。すでに一九五八年の新聞記事で、一二年後の一九七〇年になればクルマは完全な自動コントロールになっていると予想されている(1)。乗っている人は前方をみる必要もなく、コーヒーやサンドウィッチを片手に、テレビやゲームをする姿が描かれている。その技術は当時、実現間近に見えたが実際は遠い夢の技術だった。けれども、それから六〇年ほどが経ち、ＡＩやセンサー、カメラ、レーダーなどの技術的発展をふまえて自動運転車（self-driving car）の登場が現実味を帯びつつある。

人間が操作しなくとも、クルマが完全自動で動くのであれば、その社会的影響はきわめて大きい。現在の自動車事故の大半は人為的ミスが原因であることから、自動運転車の普及により交通事故が劇的に減ると期待されている。人間という、ミスを犯す不安定な存在が運転にかかわらなくなるからだ。人間は、カーブでハンドルを切るのが遅れたり脇見運転したり、うっかりミスをしがちなのである。

二〇一八年中に日本国内で交通事故により亡くなった人の数は三五三二人だった。世界規模でみるとさらに膨らむ。WHO（世界保健機関）によれば、年間およそ一三五万人が亡くなっている。[2]交通事故が重大な社会的問題であることが分かる。自動運転の技術により、こうした事故は少なくなるだろう。

ほかにも、渋滞の解消や排気ガスの減少につながるという声も聞かれる。とりわけトラックやバスのドライバー不足の解消にも役立つはずである。ドライバーの不足は全国的に深刻な問題となっている。たとえば京阪バスは、人手不足のため京都市バスの受託業務から撤退するという。[3]市バスの事業自体は、黒字であるにもかかわらず、である。西日本ジェイアールバスも受託している京都市バスの運行車両の本数を減らすようだ。こうした傾向に拍車をかけるのを防ぐのが自動運転技術なのである。

トラックやバスのドライバーは、一瞬のミスが事故につながるため、体力のみならず集中力の持続も必要とされる。しかし、しばしば指摘されているように労働時間が長く休息時間も十分にとれず、まるで機械のように働かされ、過酷な労働を強いられている。人間は冷蔵庫のように二四時間三六五日働くことはできない。

自動運転の機能があることでドライバーの人手不足だけでなく、その負荷が軽減されると予想される。完全自動運転車でなくても、たとえ高速道路などの一部区画のみの自動運転化であっても、ドライバーの負担は和らぐ。隊列走行、つまりドライバーが先頭車両のみに乗り込み後続の車両は自動的に追従走行する機能が実現すれば、それだけでも処遇の改善につながる。一人で三台のトラックを動かせるとなると、ごく単純に考えて効率は三倍あがり、休憩時間も増え、人手不足の解消も見込まれるわけだ。

さらに、移動時間に別の作業に集中できるといった利点も期待されている。現在、クルマ通勤の人は、毎日、運転に時間がとられている。通勤に加えて子どもの習い事の送り迎えや家族でのお出かけでもしばしば運転しなければならない。その時間が別のことに有効活用できるのだ。新聞を読んでもいいし、ミーティングをしてもいい。ご飯を食べてもいいし、寝ていてもいい。つまり自由時間が大きく増えることになる。

利点はさらに広がる。自動運転技術は、種々の理由で運転できない人たちにもクルマによる移動を可能にする。それは倫理的なバリアフリー／ユニバーサルデザインの実現である。

免許がなくても気軽に買い物に行きたい、病院に行きたい、友達に会いに行きたいと思う人は多い。特に交通手段が少なく利便性が悪い地域に住む人々にとっては、大きな朗報になるだろう。地方の過疎地域では、たとえ公共交通があっても、駅や停留所から自宅や目的地が離れていたり、数時間に一本しかなかったりして、移動の利便性が低い。灼熱のなか、あるいは豪雨・豪雪のなかで電車やバスを待つ、という苦行からの解放が待望されているのだ。

夢はさらに未来の交通革命にまで広がっていく。自動運転車も包含するかたちで、電車やバス、タクシーといった交通手段間のデータ連携を進め、統合的に移動というサービスを提供する試みがすでにはじまっている。「ＭａａＳ（Mobility as a Service）」という動向だ。

個別の企業や機関ごとにもっている運行状況や位置データなどをオープンにして、いろいろな種類の交通サービスを連携させていく。そうなれば、スマホの簡単な操作だけで、自宅まで自動運転車を呼んで最寄り駅まで移動し、駅からは電車で乗って移動できる。さらに駅を降りると小型バスが待っており病院まで行ける。帰りは、ちょうどシェアできるクルマがあれば、近くにいた人と一緒に帰途につく。――などというシーンが想像される。さまざまな交通手段の組み合わせにより、移動サービスを人々に提供するのがMaaSである。この中核となるのが自動運転車に他ならないのである。

国内外の動向

自動運転車の実現にむけて、政府も精力的に動き出している。いうまでもなく、自動車産業はこの国の基幹産業だ。自動車関連産業で多数の人が働いており、また売上もきわめて大きい。自動車産業において他国との競争に負ければ、日本の経済は大打撃をうけるだろう。したがって、内閣府や国土交通省、経済産業省が中心となって積極的な政策が打ち出されている。

現時点で、内閣府の戦略的イノベーション創造プログラムは、一般の人々が自動運転車を買ったり共用したりする方向性よりも、まずは移動サービス（バスなど）から自動運転を普及させることを狙っているようだ。[4] すでに大規模な実証実験が開始されており、試乗体験者のアンケートは公開されていないものの、かなり高い評価を得ていると推察される。また市民ダイアログを複数回実施し、一般の人々との対話を通じて社会に受け入れられる方向性を探っている。政府だけでなく、民間企業も公道を使った実証実験をスタートさせている。二〇一八年三月、日産とＤｅＮＡは横浜の公道で実証実験をおこなった(5)。

自動運転の研究開発は、むろん海外でもおこなわれている。米国は、熾烈をきわめる開発競争でも先頭を走っており、旧来の自動車メーカーに加え、シリコンバレーの企業が巨大市場の覇権を握るべく動いている。カリフォルニア州だけで五〇社以上が試験走行の許可を得ているという。ドイツは自動車産業の影響力が大きく、未来の自動車のありかたについて真剣に検討しており、二〇一七年八月には「自動運転車ならびにコネクテッド運転車に関する倫理指針」を作成した(6)。シンガポールや中国、韓国、台湾も、国策として推進している。

自動運転車は、しばしばレベル分けして論じられる。よく参照されるのがＳＡＥ（Society of Automotive Engineers）の六段階のレベル分けである。レベルの数字が上がれば、より複雑で高度な自動運転となる。厳密に定義すると分かりにくいが、ここではおよその目標イメージをつかむために整理しておこう。レベルが上がるにつれて自動化の範囲が広がっていく。

レベル0　人間が全体にわたって運転するレベル。安全運転を助ける速度超過警告装置などがつけられていればレベル0に入る。

レベル1　加減速あるいは左右方向転換のいずれか一方の制御をシステムが行うレベル。すでに普及している自動ブレーキは、このレベル1にあたる。

レベル2　加減速と左右方向転換の制御が同時に可能であるレベル。道路上の物体などの検知もシステムが担う。

レベル3　整備された高速道路など、特定の環境下でなら自動走行する機能が備えられているレベル。ただし、自動運転がうまく作動しないときに利用者が運転しなければならず、人間による常時監視が求められる。免許をもったドライバーが運転席に座り、すぐさま運転可能な状態を保たなければならない。

レベル4　場所や時間、天候などが所与の限定された条件のもとであれば、ドライバーなしでも運行できるレベル。

レベル5　完全自動化が実現されているレベル。このレベルになれば、あらゆる環境下におけるすべての操作をコンピュータが担う。ハンドルやアクセルペダル、ブレーキペダルも必要なくなる。まさに夢のような技術である。

レベル2までは基本的に人間が運転する段階だ。二〇一八年現在、市販車はこのレベル2までであり、自動運転というよりも運転支援のレベルである（なお、ドライバーの過信や思い違いを防ぐため、こうしたレベルの機能を「自動運転」に含めないこともある）。

レベル3以上が、通常いわれる自動運転車である。レベル3では、事故が起きたらその責任はドライバーがとることになる。しかし、レベル4以上ではドライバー不在でもよいので、これまでとは違う責任問題が発生するだろう。レベル4以上の自動運転車であっても、交通事故は完全に防げるわけではない。突発的な人々の動きや環境変化によって、事故が避けられない事態が想定されるからである。

米国の非営利組織ＦＬＩ（Future of Life Institute）はＡＩに関する公開書簡を発表しているが、その文書には次のような皮肉めいたコメントが載せられている。「自動運転車の導入によっておよそ四万件の交通事故死が半減したとしても、自動車メーカーに寄せられるのは二万通の感謝の手紙ではなく、二万件の訴訟かもしれない」と。[7]

実際、すでに事故は起きている。米国の自動車メーカーであるテスラ社の半自動運転機能「オートパイロット」に絡んだ事故は、これまでに数件起きた。(8)「オートパイロット」という名は誇張であって、完全なる「オート」ではない。ドライバーの常時監視が求められており、自動運転のレベルでいえば2もしくは3だったのだ。にもかかわらず、その名称のためか、事故にあったドライバーは注意を怠ったのである。

二〇一八年三月には、米国のウーバー・テクノロジーズも事故を起こした。テスト車が完全自動走行中に、自転車を押した女性をひいて死亡させてしまったのである。夜間のことだった。コンピュータは女性を「物体」として識別しており、停止する必要はないと判定していた。原因は定かではないが、対象が「人間」だという検知がなされなかったのだろう。運転席に座っていたドライバーは、前方を注視せず、下を向いてよそ見をしていた。ずさんな実証試験だったといえる。この事故は、世界中に報道され、社会的批判および自動運転車に対する不安や懐疑を生むことになってしまった。

米国に比べ、日本では、実験の安全性への配慮は大きい。国内の実証実験では、自動運転車であるにもかかわらず、一般のドライバーではなく特別な訓練を受けたセーフティ・ドライバーがハンドルの前に座る。セーフティ・ドライバーには当日の体調チェックも実施されている。加えて、後部座席にもオペレーターが同乗し機械のトラブルに備えている。日本では、警察庁が実証実験のガイドラインを策定しており、国内企業の実証実験はこのガイドラインに沿ったものだという点を強調しておこう。(9)

技術的課題

自動運転車の技術的課題はまだ多く残っている。以下に列挙してみよう。

まず、高精細のデジタル地図が不可欠だが、これは三次元データであり最初に構築する作業も膨大である。さらにこれを絶えずリアルタイムで更新していかなければ、道路の陥没や工事、交通規制に対応しきれない。レーダーの値段が高価なこと、また高性能なコンピュータを多数駆動させ続けるため消費電力が大きいことなども課題だ。

また、自動運転車が移動データの履歴を蓄積し、カメラやマイクで動画や音声を取得する場合には、これによるプライバシー侵害も危惧される。国連の自動車基準調和世界フォーラムは、自動運転車に関するセキュリティとデータ保護のガイドラインを作っており、そこではプライバシーに配慮し、利用者にどのような情報が収集・処理されているかを伝え、同意を得ることが求められている。(10)

いっそう本質的な問題点もある。自動運転車の機械学習はデータの確率的な分析にもとづいておこなわれるので、たとえプログラムが正常に機能していても、特有の限界を免れない。つまり、典型的な環境条件なら上手に対応できるが、めったに起きない致命的な場面での対応が難しいということだ。

大雪や豪雨などの環境下における大量データをいかに収集するかは、きわめて大きな課題である。むろん、すでにいろいろ工夫はなされている。産業技術総合研究所が進めている石川県輪島市のプロジェクトでは、無人カートを使って雪のなかでも走行できるように実験がおこなわれている[11]。雹が降ったらどうなるか、路面が凍結していたらどう走行するかなども同様である。実用化の前に、多様なテストデータを蓄積していかなければならない。

このような単体のクルマの技術的課題ばかりでなく、複数の自動運転車どうしの相互作用にともなう技術の発展も不可欠である。

たとえば、車線変更や合流をするとき、自動運転車どうしが通信しあい相互に調整を図らなければ、衝突してしまったり、ある自動運転車が長時間割り込めなくなったりする。仮に自動運転車Aが「目的地に早く着く」ことを最優先していたら、Aの前のスペースに後続の自動運転車Bが割り込もうとしても、その要求は退けられてしまう。結果的に長い間、Bは待たされる。もし、BもAと同様に早く着くことを最優先するように設定されていたら、強引に割り込もうとして事故が生じてしまいかねない。クルマ同士の調整を図るメカニズムが必要となる。

これらに加えて、大きな課題はサイバーテロ対策だろう。通信ネットワークを通じて不正にＡＩシステムが改竄・破壊され、自動運転車がコントロール不能に陥ったり、あるいは車内のようすが外部に筒抜けになってしまったりすることも想定される。

いまルータやプリンタ、防犯カメラなど大量の機器がインターネットにつながれるＩｏＴ（Internet of Things）が注目されているが、一般論として、それらは総じてセキュリティが甘いことが指摘されている。ＩＤやパスワードが初期の設定のままである場合も少なくない。クルマはこれまで、家電と同じく、通信ネットワークからの侵入を考えずに済んでいたが、今後はセキュリティ意識の醸成が大切となってくる。セキュリティに一〇〇パーセントの安全はない。通信ネットワークにつながっている以上、不正侵入を防ぐためのソフトウェア更新も継続的かつ確実に実行しなければならない。

そのような防御措置をおこなっていても、意図的に自動運転車から大量の妨害データが出され、交通システムが麻痺する恐れもある。自動運転車の乗っ取りは、人命を奪うテロ行為につながるのだ。複数台がテロリストに乗っ取られれば、どのような大惨事になるか想像もつかない。自動運転車のセキュリティが破られるなら、プライバシーの侵害どころではなく、多数の人命が危険にさらされてしまう。

自動運転では、一トンを超える金属の塊が自動操縦で動くので、その誤作動は即座に人命にかかわる。緊急時にはソフトウェアを再起動する時間もとれない。安全性がきわめて高レベルで問われる。テスラやウーバーの実験で起こった事故は、数自体は多くないものの、世界的な規模で大騒ぎになった。新技術であるがゆえに問題視されている面もあるだろうが、何トンもの金属の塊が身近な道路で自動的にスピーディに動きまわることにたいする、人々の本能的な恐怖心も無視できないのである。

高い安全性が担保されないかぎり、自動運転車は決して普及しない。ハードウェアだけではなくソフトウェアの安全性も含めると、解決すべき技術的課題は少なくないといえるだろう。

信頼を構築するために

クルマの高性能化

右に述べたように、自動運転はもっとも期待をあつめているＡＩ応用技術である。実用化までにまだ技術的課題があるのは確かだが、ＡＩ倫理という観点からすると、見通しはかなりはっきりしている。

自動運転に関する倫理的問題として有名なのは、いわゆる「トロッコ問題」である。いくつかのヴァリエーションがあるが、猛スピードで直進してくるトロッコの前方に五人の人物、待避線に一人の人物がいるとき、転轍機を切り替えてトロッコを待避線に誘導する行為は正しいか、というのが代表的だ。功利主義的には犠牲者数を最小限にするのが正しいとも言えるが、もし五人がよぼよぼの高齢者で一人は元気のよい幼児だったらどうか。人命の軽重が問われることになり、万人が納得する解はなかなか見つからない。

咄嗟に判断する人間とは異なり、自動運転では、どちらにハンドルを切るか（この例では転轍機を切り替えるかどうかに該当する）あらかじめ定める必要があるので問題が顕在化するが、自動運転特有のテーマではなく、もともと昔からある「永遠の難問」なのである。(12)

これらを除くと、自動運転において、疑似人格としてのＡＩの道徳的判断がとわれる余地は事実上小さい。安全最優先という社会規範をＡＩプログラムに埋め込めばよいからだ。あとは、効率向上技術の追求ということになる。

たとえば現在のクルマは縦列停車や車庫入れを半自動的におこなう機能をもつものが多いが、これと同じく、省力化・自動化は一貫して自動車産業が追究してきた目標である。ＡＩによる自動運転車はその延長上に位置づけることができるから、自動運転は狭い意味では、自動車メーカーがおこなう技術的発展の一環にすぎない。

交通事故の原因の多くがドライバーの人為的なミスだとすれば、クルマ自体の技術を高度に改善することで安全性が高まるはずであり、原則として倫理的に反対する声はあがらない。したがって、主に解決すべきなのはこのための専門技術的な課題だけという議論になりそうだ。

とはいえ、いわゆるＡＩ万能論にもとづく過信や、ＡＩの疑似人格性がもたらす責任論による混乱もあるので、以下これらの論点について考えていこう。

　まず、ドライバーのいないクルマが街中を走り回ることへの、一般人の根強い不安や恐怖感を解消しなくてはならない。一度大事故がおきれば、社会的反発が一挙にたかまり、技術開発は頓挫するだろう。現行AIに誤作動はつきものなので、危険時にはとりあえず減速停止して事故を未然にふせぐ「フェイルセーフ」が大原則だ。高速化や見栄えは二の次、三の次なのである。

　すでに強調したことだが、一般に環境条件が激変するとき、機械は対処がむずかしい。これは、あらゆる機械は所与の環境条件を想定して設計されるのだから当然のことである。自動運転車も例外ではない。AIは、現時点の環境データをセンサーから取り込むだけでなく、過去のデータを蓄積してそれらを統計処理して答えを出すので、環境条件が急変すると過去のデータに影響されて間違える確率が高まる。繰り返しになるが、具体的には、台風や豪雨、雪、雹、路面凍結などといった異常気象への対処が課題となる。さらに、見通しのきく高速道路と、大都市の混雑した街中とでは、相当異なる機能が求められるはずだ。また、もし海外に自動運転車を輸出するとすれば、気象条件や交通ルール、人々の行動パターンなど、日本とはまったく異なる環境条件を想定しなくてはならない。

そう考えると、どのような環境条件にも柔軟に対応できる汎用の自動運転車の開発が非常に困難なことは明らかだろう。これはAIのいわゆるフレーム問題に類似している。

また仮にそれを目指すならば、万全の広い機能を備えた自動運転車は非常に価格が高くなると予想される。異常気象が原因で自動運転車が事故をおこせば、人間が事故を起こすよりずっと厳しい社会的批判が自動車メーカーに浴びせられる可能性が高いからだ。

前述のように、自動運転車はその機能に応じて6レベル（0レベルを除くと5レベル）に分類されるが、現実にはそういう機能的区分より、予想される環境条件変化の程度におうじて異なる自動運転車が開発されるのではないだろうか。つまり、あるレベルの汎用の自動運転車が実用化されるというより、環境条件変化が限られた分野にかぎって部分的な実用化が始まるということだ。

たとえば、決まった地域で同一のルートを定時に走る路線バスであれば、気象や混雑度などはかなり予測がつくので、入念に実験走行をおこなった後に導入すれば成功の可能性は高くなる。長距離バスやトラックもこれに準じるはずである。いまコスト圧縮のため長距離バスやトラックのドライバーの過負荷が問題になっていることから、社会的需要も大きいだろう。

くり返しになるが、ここで安全性がコストより優先されることはいうまでもない。とくに高速道路ではミスが重大事故につながる恐れがあるので、ＡＩによる自動運転はきわめて慎重な設計が必要となる。完全なＡＩプログラムはありえないにせよ、限定地域の高速道路における自動運転のミスは、メーカーの入念な実験とデバッグ（バグを見つけ修正する作業）によってかなり事前に防止することができるのではないか。

防止が難しいのはサイバーテロである。高速道路走行では、ネットや道路から時々刻々送られる信号と連携してクルマに搭載されたＡＩプログラムが作動する。ここで、サイバーテロによる誤信号が受信されれば大事故につながる恐れがある。さらには、自動運転のクルマそのものがテロ犯人によって乗っ取られれば、それは悪夢そのものだ。

サイバーテロ防止はクルマ単体では難しい。地域の高速道路網全体としてセキュリティを高め、テロを防ぐ対策が求められる。徹底的なセキュリティ向上のためには、高速道路を走るすべてのクルマに関連する諸情報が記録や検索をふくめて警察のテロ防止システムに通報されることが必要になるはずだ。

だが、これに対して、プライバシー保護の観点から反対の声があがるかもしれない。

高速道路上を走っている一群のクルマについて、最近の位置情報や走行記録、事故歴、所有者などをすべて警察のシステムが把握し分析できれば、安全性は高まるだろう。だがそれは、自由平等主義／自由至上主義的な観点からは許されないことである。この点は今後、自動運転に関する重要な争点となるのではないだろうか。

地域運輸システム

地域の交通網支援という側面から自動運転をながめてみよう。すると、自動車メーカー主導のクルマの高性能化とは違った論点が見えてくる。それは、地域活性化の一環として、ＩＴ企業が中心になり、自治体などと協力して自動運転車という手段で地域の運輸や物流を担う、ということだ。とりわけ注目されるのは、高齢者のみが暮らすような過疎地での自動運転の活用に他ならない。

以前は、過疎地をふくめた日本全土の交通網は主にＪＲ（旧国鉄）などの鉄道が担ってきた。しかし、クルマの普及とともに鉄道の利用者がへってもはや採算がとれなくなり、いたるところで廃線になっていることはよく知られている。問題は、高齢者にとってクルマの運転による移動や買い物が困難になってきているという事実だ。この状況がつづけば、近々、多くの高齢者が社会的に孤立してしまう恐れがある。そこで自動運転が問題解決の切り札として注目されることになる。過疎地でも道路はかなり整備されているのだから、自動運転車の普及によって高齢者が生活しやすくなることが期待される。

大切なことは、この場合の自動運転車とはおもに、前項でのべた単体のクルマではなく、中央の管理センターのもとで作動する一種の物理的端末だということだ。

それは、遊園地の広場でゆっくり動いている子供向けの娯楽乗り物に近いといっても過言ではない。サービスの領域は遊園地内の広場ではなく所定の地域全体に広がるが、基本的には複数の小さな自動運転車が、役場などにおかれたコンピュータの指示制御のもとで時速三〇～四〇キロていどの比較的低速で動きまわり、高齢者を運んだり、高齢者の注文におうじて離散した住居に生活用品を届けたりするのである。つまり端的には、運営主体はクルマ自体というよりむしろ、ネットワークで結合されたＡＩ中心のコンピュータ・システムにほかならない。

むろん、こういったシステムも環境条件変化に弱いことは同じである。とはいえ、汎用の高性能車とちがって、この場合、気候や地形など地域の自然環境を事前分析できるので、環境変化の予想がつきやすい。また、端末としての自動運転車自体が、同一メーカーの共通仕様で標準化される可能性が高いことも特徴である。

したがって近々、たとえ自動運転の機能そのものは比較的低レベルのものになるにせよ、地域運輸に特化された安全性の高い自動運転車システムが、低コストで提供される実現性は高いと考えられる。すでにフランスやスイスなどの一部の都市では実験的に低速車の公共サービスがおこなわれているようだが[13]、早晩この国でも自治体が音頭をとって実験的サービスが開始されるのではないだろうか。

なお、このような地域運輸サービスは、中央の制御コンピュータがユーザの注文に応じるとともに複数の自動運転車をリアルタイムでモニターし、交通網全体の動きを管理制御することになるが、これは前述の高速道路における自動運転サービスと共通点がある。高速道路ではネットや道路から時々刻々送られる信号と連携してクルマに搭載されたAIプログラムが作動するからである。

この延長上で、過疎地にかぎらず大都市をもふくんだ未来の交通運輸システムへの予感がうまれてくる。それこそがつまり、前節でふれた統合的な運輸サービスとしてのMaaSに他ならない。

MaaSとは端的には、ユーザがある地点から別の地点にもっとも効率よく移動するための手段を提供するサービスのことである。そこには、いわゆる自動運転車だけでなく、新幹線をはじめとする鉄道、バス、地下鉄などの公共交通機関も基本的に包含される。つまり、ユーザは、目的地までの多様なルートを検索し、公共交通機関にくわえてレンタカー、タクシーなどさまざまな移動手段をふくめ、目的地に到着するまでのルートを比較して決定し、予約や利用、決済をスマートフォンなどの情報通信ツールから実行できるというわけだ。

せわしいタイムスケジュールで仕事をしている現代人にとって、ＭａａＳは確かに魅力的だろう。とくに首都圏では、道路は慢性的に渋滞しており、中長距離の移動をするためには、クルマより鉄道や地下鉄などの公共交通機関を利用するのが効率的である。だが、最近はこれら公共交通機関も過密ダイヤ状態であり、予定されたスケジュールより遅延することも少なくない。この遅延情報を刻々とリアルタイムで把握し、最適なルートを提示するのがＭａａＳの統合的なサービスということになる。

むろん、さまざまな理由でクルマの利用を優先するユーザも少なくないから、ＭａａＳの技術は、前述のクルマの高性能化と地域運輸サービスとが組み合わされた複合技術となる。いずれにしても、安全性と効率がともに求められる大都市において、ＭａａＳ

にはきわめて高度な技術の連携が不可欠であることは間違いないだろう。

ＭａａＳを未来の交通運輸サービスとして位置づけ、経済成長とからめて期待する声が高いことは確かだ。とはいえ、近々の実現は容易ではないと予想される。誰が主導権をとるかによって開発方向も変わるだろうが、この点も現時点で明確ではない。自動車メーカーやＩＴ企業に加えて、ＪＲや私鉄などの公共交通機関も乗り出してくるはずだ。それぞれの利害が食い違うとき、政府や自治体がうまく統括できるかどうかは未知数である。

産と官が定める規範

論点のまとめとして、ここで、ＡＩ倫理という側面からみたときの自動運転の特徴をあげておこう。

第四章でのべたように、倫理とは、個人の内的な正義の基準である「道徳観」と、個人が組み込まれた社会における共通の「社会規範」という両者の関係として捉えることができる。ＡＩ社会において、ＡＩエージェントは社会規範を遵守するはずなので、誰が社会規範をつくるのかが問われるわけだが、自動運転に関するかぎり、社会規範は自動車メーカー、ＩＴ企業、政府自治体などがトップダウンで決めることになると思われる。逆にいえば、自動運転車の詳細行動についての設定は技術的専門性が高いので、一般ユーザが介入する余地はどうしても小さくなる（ただし、地域運輸システムについては住民の要望をいれることも大切であるが）。これは大きな特徴だ。

以上の理由で、各自動車メーカーやＩＴ企業などが極端に自社の利益のみにこだわらなければ、自動運転はＡＩ応用として比較的早く実現される可能性もある。

自動運転のクルマにおける問題の一つとして、異なる自動車メーカーが独自の自動運転車を開発しているため、そのクルマの行動のありさまが他社製と食い違うことが指摘されている。人間の運転者同士なら譲り合いですむところが、詳細な行動を互いに予測できないため事故になる可能性は否定できない。

自動運転の多くのメカニズムは、目標地点への必要時間を予測し最適経路を策定しつつ、速度や車間距離を細かくコントロールしている。そのコントロールの仕方はメーカーごとに異なるので、場合によっては衝突の危険が生じることもあるのだ。

だが、こういった問題は、二台の自動運転車が道路で競合したときどちらを優先するかといった原則的な規範やルールをメーカー同士が協議し調整することで、無理なく解決することができるのではないだろうか。

以下、そのときの原理的な考え方について補足しておきたい。社会規範は前述のN－LUCモデルのように、おもに功利主義と自由平等主義の価値観から導出できる。端的には、人命尊重を当然の大前提とし、そういう安全性保障のかぎりにおいて、交通や物流の効率向上を達成するということだ。万一、誤動作したときも安全性を優先して事故の確率を最小限にするいわゆる「フェイルセーフ」の設計思想は必須である。

この点については政府自治体による法制化や、それを満たしているかどうかをチェックする監視体制の整備が望ましい。つまり、産と官によって社会規範の詳細が具体的に定められていくはずである。

それでも大規模なプログラムにもとづいて作動する以上、AIの判断ミスによる誤動作はかならず発生する。自動運転車による事故も根絶はできないだろう。事故原因を分析して対策をとる際とくに問題なのは、従来の人間が起こした事故と比べて、原因究明が難しいということである。

つまり、プログラムの設計開発ミスなのか、センサーなどハードウェアの劣化にともなう単純ミスなのか、それとも前述のサイバーテロに代表されるような意図的な攪乱の影響なのか、識別さえも困難だということである。ＡＩのプログラムは一般に複雑であり、さらに走行時に周囲の様子を認識する深層学習のような処理については、その詳細を細かく分析することは事実上、不可能に近い。ＡＩの応用においては、ともすれば透明性は失われ、ブラックボックス化していくのである。

したがって、自動運転の実用化においては、事故発生にそなえて責任を明確にしておく必要がある。

自動運転車といっても、単なる機械にすぎないのだから、刑事罰につながる責任を帰するとすれば、当然、自動運転のシステムをつくった人間ということになる。

だが、システムの基本設計者から末端のプログラマー、そして維持管理者まで含めると、関係者はかぎりなく広がっていくはずである。多くの場合、事故の責任をとるべき相手を特定することは困難である。最悪の場合、自動運転にともなう無責任が横行する恐れもないではない。これを防止するためには、せめて保険をふくめた公的／私的な救済措置によって、被害者に補償金を支払うなど、各種の社会制度の整備が不可欠となるのではないだろうか。

まとめると、自動運転というＡＩ技術の倫理的テーマは、クルマ単体の設計指針の問題にとどまらない。とりわけ、高齢化が進む社会における安全便利な自動運輸／自動物流にたいする、一般の人々の信頼をいかに構築するかが、最大の課題だと言えるのである。

第六章　監視選別社会

利点と恐怖と

進む監視と自動選別

ＡＩによる個人データの収集と分析は、ＡＩの倫理的側面がもっとも問われる応用分野といえるだろう。現代社会が監視社会だといわれて、すでに久しい。

人々は安全を求め、街中にビデオカメラが次々と設置されている。かつては防犯カメラを街中に設置することには反対の声が上がり、プライバシーの侵害が危惧されていた。しかし、いまや異議を唱える人は少ない。防犯カメラの台数は増え続けており、市場規模も拡大し続けている。性能も向上し、防犯カメラの映像も、近年、解像度が上がって高精細になってきた。拡大してもぼやけず、人相や持ち物、服装の細かなチェックができるようになりつつある。

空港やスタジアムでは、テロ対策のため大勢のなかから要注意人物を特定するため、AIの顔認証技術が導入されつつある。この技術は、身近なコンビニやスーパーでも、万引き防止のために不審者のチェックに活用できる。あらかじめ要注意人物を登録しておき、ビデオカメラにその人物が写るとすぐさま検知する仕組みだ。

また、多数のファンが押し寄せるイベント会場には、監視カメラを搭載した警備ロボットも配置されつつある。駅や建物で周囲を撮影しながらゆっくりと動き、不審者や不審物を検知する。まだ段差には弱いものの、階段や荒れ地をスムーズに動きまわる二足歩行/四足歩行のロボットも出現したことから、今後さまざまな場所で導入が進むだろう。

監視カメラだけではない。個人データの収集は多方面でおこなわれつつある。ネット上の検索や書き込みも随時記録され、スマホで居場所も特定され記録される。電子決済が進み、個人の支払い履歴が追跡できるようになっている。AIは、そうした動向をさらに加速させていく。音声認識技術をユーザ・インターフェースに使ったAIスピーカーも登場した。可愛らしい娯楽用ロボットは、家族のデータをビジネスのためにひそかに収集している。AIを使えば大量のデータを分析することが可能だから、人間は、ますますデータの集合体と見なされるようになっていく。

この延長上に、データとして人間を選別していくAI応用が位置づけられる。人材採用や配置、育成に情報通信技術を活用する「HRテクノロジー（Human Resource Technology）」の本格的活用だ。

HRテクノロジーは、「HR Tech」と表現されることが多い。一般に「X-Tech」とは、各領域と新しいテクノロジーを掛け合わせることを意味し、Xのところにそれぞれの領域を指す言葉が入る。たとえば、Fin Tech（Financial Technology）や、Ad Tech（Advertising Technology）、Ins Tech（Insurance Technology）、Legal Techなどがある。それぞれ金融、広告、保険、法律にAIを含めた最新テクノロジーを取り入れることを指している。HR Techもそのひとつであり、人材マネジメントにAIなど新しいテクノロジーを活用することを表している。

HR Techは、すでに二〇年ほどの歴史があり、世界最大級のイベントである「HR Technology Conference & Expo」は二〇一八年までに二一回の開催を数えている。(1)

グーグル社は、就職希望者から一ヵ月に一〇万件ほどの履歴書が届き、オンラインでの質問を通じて、「ITに関心を持ち始めた年齢」「志向性」「判断基準」などを見極めている。質問への回答をもとに0点から100点の範囲で応募者をスコア化してデータを分析し、採用の基準として用いるわけだ(2)。その他、ソフトバンクや日立製作所、パーソルホールディングスなどの有力企業もHR Techを導入していると聞く(3)。

大企業であると応募者も多く、すべてのエントリーシートに目を通すだけで膨大な時間と労力が費やされてしまう。エントリーシートの評価を自動化すれば、人事部の採用担当者は会社説明会や面接などに力を集中することができる。

HR Techの対象は新規採用者だけではない。対象者の人物像やスキルをデータ化して分析し、異なった部署への配置転換を行うこともある。優秀なデータをもつ人物を選び出して資格試験を課したり、研修を行ったりするケースも出てくるだろう。あるいは退職予測を確率的にはじき出し、若手で有能な社員の退職防止に活用することも可能である。

HR Techの導入には大前提がある。言うまでもないが、人材配置や育成に活用する企業が就業規則を強引に変えたり、従業員の反発を恐れてHR Techを秘密裏に導入したりすることは望ましくない。従業員から賛同してもらい、労働組合からも同意を得ることが不可欠だ。従業員の理解が得られれば大きな反発もなく、経験や勘に頼っていた従来の人事評価から脱却できるだろう。人間は、感情的な生き物であるし、思い違いや偏見もある。ＡＩの客観的判断が新たな指標として加わることにより、従来の評価を見直すきっかけにつながると期待できる。

社内の人事評価だけではない。すでにＡＩを使って個人顧客向けの与信判断が日本でも開始された。みずほ銀行とソフトバンクとの合弁会社による取り組みはよく知られている。

顧客側もスコアを上げようと、さまざまな情報を積極的に提供し始めている。自分でデータを入力したり外部のデータとリンクしたりするとＡＩスコアが上がることもあるので、多くの人々が進んでデータを入力する気持ちになっていく。年収や勤務先、勤続年数だけでなく、性格や趣味、もっているゲーム機や見ているテレビ番組までも入力データとなる。スコアがアップすれば、借り入れの際の金利が下がり限度額も上がると期待できるからだ。

これはＡＩによる人間の社会的価値の数値化、つまり「スコアリング」という動向である。中国のアリババの「芝麻信用」などのスコアリングは、人間のスコア化の好例といえるだろう。

芝麻信用では、企業もスコアリングの対象であるが、個人も350点から950点までの幅で点数化される。(4) 社会的ステイタスや資産、支払い履歴（公共料金の支払い、ECサイトの購入履歴など）、これまでの利用履歴（レンタル・シェアサービスの利用／違反の実績）、さらにSNS上での人脈など、実にさまざまな観点からスコアが算出される。点数が上がることにより、いろいろなメリットがある。中国ではサービスを受けるにあたり一定の金額を預けるデポジットが必要なことが多いが、スコアが基準を超えるとデポジット不要で、レンタカーや自転車、スマホ、PC、ドローンなどが借りられる。ローンも低金利で組め、結婚仲介サイトでも有利に働く。人々は、ゲーム的な面白さを味わい、競争心をかきたてられ、プライドもくすぐられる。SNSで「いいね！」を求めるのと同様、人々はよいスコアを目指して行動するようになるのだ。

中国では、政府も、国全体の信用情報をまとめるために動きはじめた。二〇一四年「社会信用体系建設計画綱要」を発表し、社会全体の詐欺や脱税、虚偽、借金の踏み倒しなどを減らすため、企業や個人の信用評価をおこなうと述べている。

二〇一八年には百行征信（信聯）にたいし、信用情報業務を正式に許可した[5]。信聯は、政府の中国インターネット金融協会が筆頭株主になり、アリババ系の企業など八社もそれぞれ八％出資して設立された企業である。まだ設立されて間もないので、芝麻信用のように多面的なデータに基づいて個人の信用評価をおこなっているわけではないが、今後、芝麻信用と連携したり、そのノウハウを活かしたりして、全方位的な評価に移っていくことも予想される。

他人のスコアが分かれば便利なのは確かだ。たとえば、初対面の相手は信頼してよいのか判断に迷う。表向き真面目に見えても、裏の顔があるかもしれないし、素性の分からない相手との交際には、誰でも慎重にならざるをえない。しかしスコアが分かれば、それで判断すればよい。スコアには、その人の日々の暮らしや仕事ぶりが正確に反映されているように思われるからだ。

ボランティア活動や献血、公共料金の滞納、道路交通法違反、ＳＮＳ上での問題発言などもスコアの計算に入れられる。だからスコアが高ければ信頼し、スコアが低ければ信頼しなければよい。金融機関の融資リスクの低減に役立つというのは、活用のほんの一部である。入学試験や人事採用で全方位的なスコアが使えれば、学校や会社でトラブルを起こしそうな人をあらかじめ排除できる可能性もある。入居を申し込んだ人のスコアが分かれば、大家は家賃の滞納を事前に防ぐことができるだろう。親は、子どもの結婚の失敗を予測し、説得力をもって反対できるかもしれない。このように、スコアリングの活用は多岐にわたり、大きな期待が集まっているのだ。

スコアリングの内実

とはいえ、スコアリングにともなう不安もむろんある。

スコアの計算方法は企業の営業秘密にあたる部分であり、他社に真似されると困るので、完全公開はできない。スコアを評価される側は、点数化の仕組みが不明瞭なため、心配をかきたてられる。根も葉もない噂、思い込みに振り回されることになる。高額な商品を買うと点数が上がるという噂が流れると、不必要なのに無駄に高い商品を買ってしまったりしがちだ。あるいは、スコアの計算方法が変わって点数が下がると、理由を知りたくなり、疑心暗鬼におちいる。

一方、スコアをあたえる運営側は、点数化の仕組みを調整することで、みずからに優位な戦略を立てることが可能だ。グループ企業もしくは提携先のサービスを利用すれば加点し、逆にサービスを批判すれば減点するといった処理もできる。そうなると、スコアリングをおこなう企業や国家への批判は事実上難しくなるだろう。

スコアが社会に広く普及せず部分的なものにとどまるなら、むろん大した問題にはならない。だが、もし特定のスコアリングが標準として深く社会に浸透していけばどうだろうか。スコアが低い個人やスコアリングを拒否する個人がうける不利益は甚大である。就職活動や保険加入、銀行ローンの与信審査、電子決済、入居審査、結婚仲介サービスなど、あらゆる面で不利になるにちがいない。

巨大ＩＴ企業のＡＩが支配的になることにより、一度低い評価を受けてしまうと、当該人物の低スコアが広く知れ渡ってしまい、社会全体から連鎖的に排除されてしまう可能性さえも考えられる。

米国の信用機会平等法（The Equal Credit Opportunity Act）では、クレジットの申込者に対して民族や肌の色、宗教、出身国、年齢、性別、婚姻関係の有無、公的扶助を受けた理由をもとに差別してはならないことを規定している。スコアリングを普及させる前提として、こうした既存の制度を見習うべきではないだろうか。

とりわけ、スコアの算出にあたって用いられる変数には注意が必要だ。人種や性別といった、個人の意思では変えることのできない生得的特性を変数に含めてしまうと、被差別集団に対する差別をさらに助長することになる。事実、米国では、犯罪リスク評価のコンピュータ・システムにおいて、遺伝的な肌の色が危険度評価に影響すると法廷で明らかにされたこともあった。黒人の被告は、実際よりも犯行が常習化すると推定されているのに対して、白人の被告は不当に低くリスクが算定されていたのである。

ゲノム情報の活用にも差別の問題がつきまとう。たとえば保険契約において、保険会社が個人のゲノム情報をもとに保険加入を断るという行為は許されるのだろうか。医療ビッグデータの活用においては、ゲノム情報を除いたＩｎｓＴｅｃｈ（Insurance Technology）を進めていくべきだという指摘もある。(6)

さらなる問題として、変数として直接入力しなくても、他の変数との相関から生得的特性を推定できるという点があげられる。

性別や人種は、データとして読み込まなくても、ファーストネームを入れるだけで推定できる場合もある。あるいは、特定の民族が集中して住む地域が分かっていれば、民族データなしに住所から推定できることもある。仮にファーストネームや住所のような特に配慮を要するセンシティブなデータを除いても、より日常的なデータも利用できる。

たとえば無香料のスキンローション、特定のサプリメント、大きめのバッグなどを同時期に購入した人は「妊娠している可能性が高い」と割り出せる（山本龍彦『おそろしいビッグデータ』などを参照[7]）。すなわち、一つひとつのデータは大した意味をもたなくとも、いくつかのデータを関連づければ、差別防止上きわめて配慮を要するデータ分析が実行できてしまうのである。

関連してもっとも懸念されるのは、ＡＩによる顔認証と犯人推定である。第一部の理論編で述べたように、現在のＡＩは多数の変数の相関関係を考慮しつつ、統計的に予測をおこなう。したがって、確率的バラツキにともなう誤謬は避けられない。顔写真データを用いた犯罪者の自動推定については、仮にその精度が高まったとしても、ひどい人権侵害をひきおこす恐れがある。

コンピュータによるスコアの算出が常に、人間の恣意的な評価をふせぎ、公平・真正な値を示しているというのはＡＩの過信にすぎない。実は、読み込むデータや計算処理のアルゴリズムによってスコアは大きく異なるのである。「身長」「出身地」「声の質」「ネットでの購買行動」「検索語の履歴」「ネットゲームの利用時間やプレイ内容」「ＳＮＳの利用」などを変数にするか否かによって、またそれらの変数の重みづけの仕方によって、スコアはたちまち変わってしまうのだ。「全方位的スコアリング」だとか、三六〇度／二四時間の「完璧な監視」などは決して実現しない。

いったいどのデータを読み込み、いかなるアルゴリズムで計算するのかは、評価する側の人間の裁量にゆだねられているのである。この点を無視して、ＡＩの計算するスコアを偏りのない真正の値であると位置づけるなら、それは暴挙といえる。

スコア計算のアルゴリズムだけではない。さらなる問題点として、入力されるデータそのものに信頼性があるとは限らないことがあげられる。自己申告なら嘘もつけるだろう。アンケートの趣味の欄に、本当は未経験で将来やってみたいというだけで「クルージングとゴルフ」などと書く人もいる。すなわち、読み込むデータもきちんと検証されたものかどうか不明なのである。

スコアリングに際しての最大の懸念は、監視カメラの活用による要注意リストの作成についてである。

高度成長後、経済的豊かさのもとで社会的安全が強く求められるようになってきた。監視カメラも各所に設置され、それを用いて、犯人がつかまることも増えてきた。再犯リスクの高い犯罪をおかした人物を要注意人物としてマークしたほうが、統計的には社会全体の安全性が高まるだろう。当人にとっても、抑えがたい衝動が表出しがちな契機をあらかじめ取り除かれ、再犯にいたらずに済む面もある。

しかし、監視カメラ設置者のミスなど多様な原因で、万一誤って要注意リストに入れられてしまったらどうなるだろうか。罪のない人も、腹いせやいたずらでリストに入れてしまうかもしれない。そしてそのリストがインターネットを介して広く共有され、罪のない人物が要注意人物としてマークされ、社会からきびしく排除される恐れもある。間違いの可能性をふまえて活用しないと、犠牲者の人生は狂ってしまうのである。

ディストピアの出現を防ぐ

企業による選別

ＡＩによる監視選別は、軍事利用とならんで、ＡＩの倫理的側面が先鋭にクローズアップされる応用分野である。

繰り返しになるが、倫理というものは基本的に、社会的な規範と個人の道徳観の両者にもとづいて決まっていく。そして第四章でのべたように、社会的規範は常にトップダウンで定められるわけではなく、長期的には多くの個人が支持する道徳観からボトムアップで修正変更されていく。

とりわけ、ＡＩを個人の監視や選別に用いる応用分野については、ボトムアップの影響力が自動運転よりはるかに大きくなるだろう。これは、技術と社会規範が密接にむすびつく自動運転とは質的に異なる点である。

監視選別という応用分野では、「疑似人格としてのＡＩ」という存在が浮かびあがってくる。はたしてＡＩは、一般に信じられがちなように公平・中立な判断をくだせるのか。そこに支配や差別がひそかにもちこまれる恐れはないのか。これは巨大な論点である。

ただしここで、企業がＡＩによる自動評価で与信や選別の業務をおこなう場合と、政府や自治体が市民を監視する場合とでは性格がちがうので、区別する必要がある。まず、前者について考えていこう。

誰もがスマホを手にするネット社会では、インターネットの検索履歴ばかりでなく、いかなる商品を購買したか、どこのレストランで食事をしたかなど、個人の消費行動が企業側に細かく把握されてしまう。この点はよく指摘される。すでに多くの企業で、そういう消費者データにもとづく広告活動やマーケティングが大規模におこなわれているのも事実だ。ＡＩによってこの傾向は加速されるだろう。自宅にあるペットのロボットと遊んでいるだけで、データを取得されてしまう。消費者の残したビッグデータをＡＩが自動的に分析し、さまざまなデータの相関をとるなど、これまで人間がおこなっていたデータマイニングよりはるかに精密な処理をおこなって、効果的な企業活動につなげるわけだ。

いかなる層の顧客にいかなる広告活動をおこなえば効果的かという根拠をＡＩが与えるだけなら問題は小さい。それだけでなく、個々の消費者に対していかなる情報をとどけ、いかなる商品を売り込むかということまでＡＩが決定することになると、そこで顧客の「選別」の問題が出てくる。

個々の顧客は「データの集合体」としてＡＩに認識されるのだが、まずそこでプライバシー保護の観点から異議の声があがる恐れがある。個人は自分の生活を自分で決定する権利があるのに、ＡＩが勝手にデータを収集分析し、企業利益をあげるために商品購買に介入したり誘導したりしないでほしい、というわけである。二〇一八年にＥＵが施行した一般データ保護規則ＧＤＰＲ（General Data Protection Regulation）は、こうした動向への警戒心の表れと見なすことができる。むろん、これにたいしては、企業側はただ情報を提供しただけであり、購買するか否かの最終決定権は消費者にあるという自由至上主義的な反論も可能だろう。

しかし、顧客を選別し、売買やサービスに差をつけるような決定をＡＩに任せるとなると、問題はふくれあがる。お金をはらえば誰でも同じ商品を購入でき、同じサービスを受けられるというのが近代的な市場経済社会の原則のはずだからだ。

まず、融資や保険などの業務についてはどうだろうか。金融機関などによる融資の与信業務については、担保となる資産の有無をはじめ、ある程度のデータ収集は慣習的におこなわれてきた。では保険業務ではどうか。ガン患者が生命保険に入ることには条件が付くだろう。だが、前節でふれたように、健康な人のゲノム情報まで入ってくると問題は広がる。たとえば、ある特徴をもつゲノムの保持者にはガンの発病確率が高いという医学的研究が公表されているとき、生命保険会社が個人のゲノム情報を知ってＡＩで分析し、保険料に差をつけるといった措置をとることは倫理的にゆるされるだろうか。

生命保険会社は、ゲノムの統計処理で顧客を分類することによって利益をあげられるかもしれない。だが顧客は、「誰でもガンになりうる」という偶然にそなえて保険に加入するのであり、いま健康である以上、自分のゲノム情報によって保険料に差がつくのは納得できないだろう。

つまり、少なくとも、生得的な特性を分析してＡＩが予測をたて、それによって顧客サービスが不平等となるような措置は、人々の賛同を得にくい。ＡＩの処理は複雑なのでブラックボックスとなりがちだが、企業が顧客を区別するためには、前提として判断の根拠を透明にし、一般公開することが求められる。

顧客サービスだけではない。企業における採用や人事評価にＡＩを活用する前述のＨＲ Ｔｅｃｈは、すでに国内外で普及が始まっているが、これについても同様の配慮が必要となるだろう。

いかなる人物を採用し昇進させるかは、むろん企業の自由である。しかし、ＡＩのブラックボックス化、つまり採用や人事評価をきめる論理や基準が不透明になりやすい点には十分に注意が必要だ。人事担当者が非常に不公平な評価をおこなった場合、それは周囲の人々に認知されて修正される可能性が高いが、ＡＩプログラムの複雑さがもたらす不透明性、そして不透明なＡＩへの過信は、思いがけない不公平をもたらすからだ。

繰り返しになるが、生得的特性が個人のデータに含まれる場合はとくに要注意だ。個人の意思とは無関係にきまる人種、性別、家族関係、出身地（国籍）などの生得的特性で個人を評価選別することは法的に許されないとしても、ＡＩのプログラムに分かりにくい形で埋め込まれると、結果的に差別が助長されることはありうる。これはＨＲＴｅｃｈの活用において十分な配慮が必要な点だろう。「ＡＩが判断したので」と言い訳する責任逃れが横行してはならないのである。

行政による監視

個人の行動データを収集し、ＡＩによって分析するといっても、実施するのが国家や自治体など行政当局である場合には、倫理的問題は違った性格をおびる。おそらく行政による監視選別こそが、ＡＩによる個人のデータ収集分析のなかでもっとも倫理的論争が予想される点だろう。

企業による監視選別はもっぱら利益をあげることが目的だ。それゆえ、監視選別される個人の側がその行き過ぎを告発することに社会的抵抗は少ないし、法的／自主的に規制することも比較的たやすい。だが、行政当局による監視選別では事情が異なる。目的として、とりあえず次の二つをあげることができるだろう。

第一は社会の安全性向上である。端的に言えば、危険な犯罪者や、暴力団など反社会勢力から善良な一般市民を守ることに他ならない。第二は、政権の護持である。つまり、政権を担っている勢力が、その対抗勢力から自らの権力を守ることだ。本書では以下、議論の拡散をふせぐため、第一の目的のみに限って議論を進める（たとえばテロ行為などを考えると、厳密に両者を分けることが困難な場合もあるが、第二の目的をふくめると倫理的だけでなく政治的な議論となるので本書の範囲を超えてしまう）。

利益を追求する企業とは異なり、行政当局には、一般市民を犯罪者や反社会勢力から保護する公共的な責任がある。そのために、犯罪者をふくめた個人の監視が必要だという論理を完全に否定することは難しい。

とくに近年は、薬物依存や小児性愛、痴漢など、習慣性があると思われる犯罪者の報道がマスコミを賑わすので、異常犯罪から弱者を保護すべきだという世論は強くなっている。監視カメラの設置だけでなく、登下校時の幼い児童の送迎サービスも、すでに定着しつつある。欧米では、凶悪な性犯罪をおかした人物がＧＰＳ（全地球測位システム）で常に行動を監視されることも少なくない。少なくとも、小児性愛の傾向をもつ常習犯罪者から児童を守る必要性は今後ますます高まるだろう。

むろん、罪のない一般市民の行動監視についてはプライバシー保護の観点から制限がつくし、犯罪者にも人権はある。つまりこれは、個人の人権保護という自由平等主義の制限のもとで、功利主義的に社会集団の安全性を高める最適化問題ととらえることができる。この問題は、拙著『ネット社会の「正義」とは何か』でも論じたが、集団の規模や犯罪の様相など多くの要因と関連しており、一律の単純な解があるわけではない。以下、基本的な考え方だけを整理しておこう。

まず、行政当局が個人行動のデータを収集蓄積してプロファイリングをおこない、AIで分析することの主目的は、犯罪が実行された後の捜査、つまり犯人特定のためだというのは原則である。習慣性のある犯罪では、犯歴のある関連人物のデータ分析が真っ先におこなわれるはずだ。ここで、画像認識をはじめとするAIのビッグデータ分析が、誤りの可能性もゼロではないにせよ、捜査の効率向上に有用なことは確かである。この際、一見無関係のような諸データとの相関関係の分析が役に立つことも多いだろう。

だが、犯罪捜査ではなく、犯罪予防についてはどうだろうか。予備拘束は論外としても、ある特性値のデータをもつ人物のグループが、AIによって犯罪予備軍と分類されて行政当局に把握されるなら、それは深刻な差別や冤罪を招く恐れがある。

とりわけ、犯歴がいっさい無いにもかかわらず、生得的な特性にもとづいて自動的に犯罪予備軍のグループに入れられ、行動を細かく監視されるとすれば、それは自由平等主義の観点からは決して許されない人権蹂躙につながるだろう。米国には、黒人やヒスパニックの若者がそういった分類や監視をされる可能性が高い地域があると聞いたことがある。日本でも、今後、外国人労働者がふえてくると、治安劣化をふせぐために同様の措置がおこなわれる恐れがあるのではないか。

ＡＩによるビッグデータ分析の特徴として、一見無関係なデータのあいだに相関関係を見出せることはすでに述べた。これは知の進歩と位置づけられることが多いが、行政当局がこれを犯罪予防に活用する際には、途方もないディストピアが出現しないよう、慎重な配慮が不可欠ではないだろうか。

集合知の活用による防止策

評価するのが企業にせよ行政当局にせよ、そこでは個人に対する評価つまりスコアリング（採点）にもとづいて良し悪しの順序がきまる。一般の人々はスコアをあげるように期待されるから、一種の社会規範がスコアリングで定められてしまうといっても過言ではない。それが個人の道徳観と合致していればよいが、そうでない場合、はたして倫理的問題は発生しないのだろうか。

ネット空間では、名前やマイナンバーといった記号で個人が識別され、それが生得的特性をはじめ行動履歴など、多様なデータ集合体の帰属先となる。言いかえれば、個々の人間はリアルタイムで生きている身体から切り離され、静的なデジタル・データの集合体として位置づけられるわけだ。このことは単なるデータベースでも同じだが、AI時代には、従来のデータベース処理といかなる点が異なるのだろうか。

それは、集められたデータを分析し、社会的存在である「個人」として位置づけ、分類し、判断するのが、人間ではなく疑似人格をもつAIだということである。人間であれば、対象が生きている身体をもつ個人であるという基本的認識があるが、AIプログラムにそんなものはない。

むろん、従来でも、学力偏差値や年収などの特性値によって機械的に人間が分類されることは珍しくなかった。だが、それらの特性値はあくまで人間の部分的側面を示すにすぎず、総合的な意味での個人の評価ではない。特性値だけによって個人の絶対的ランクが定まり、個人そのものが社会の中で自動分類されることはなかった。

つまり従来、人間が純粋にデータだけの集合体として機械的に等級付けられたりすることなどありえなかったのである。ＡＩ時代にはそこが変わる恐れがあるのだ。それが「総合スコアリング」というものなのである。

前節で紹介した中国のアリババの「芝麻信用」においては、一般の人々がスコアを上げるために進んでデータを提供していると聞く。スコアがあがれば、銀行ローンの金利も安くなり、就職活動やアパートの入居審査など生活上も有利になるらしい。まあ、ボランティア活動や献血をすればスコアが上がるが、交通違反や公共料金滞納をすればスコアが下がる、などという程度なら常識的にみて問題ないかもしれない。だが、ある企業の高額商品を買うとスコアが上がるとか、ネットで役所業務の批判をしたらスコアが下がるとか、そんなことで個人の「信用度」が計算されるなら、倫理的問題が出てくるだろう。

端的に懸念されるのは、こういった総合スコアリングが、旧来の身分制度にかわる新たな人間の等級化をもたらしうる、という点である。よほど注意しないと近々、新たな階級社会が誕生するのではないか。

スコアを計算し、それによって人間の評価をするとき、ＡＩが活躍することになる。

総合スコアリングにもとづく社会は、表面上は個人が公平に競争する平等社会のように見えるが、実はそうではない。なぜならスコアを計算する変数のなかには生得的特性値が入り込みやすいからだ。もう一度強調するが、変数のなかに肌の色と関連するゲノム情報が含まれるなら、それは隠れた差別につながりうる。

むろんＡＩは社会的差別などとは関係なく、単にデータを形式的に処理しているだけである。問題はスコアを計算したり、スコアにもとづいて判断したりするＡＩのプログラムが複雑大規模で、一般の人々にはわかりにくいことだ。プログラムを操作できるのはごく一部の担当技術者だけであり、担当技術者に指針をあたえるのは総合スコアの高い上層階級なので、ＡＩはたちまち巧みな支配のツールとなっていく。

前述のように、ＡＩは本来、プログラムにしたがって他律的に作動しているのだが、一般の人々はとかく、ＡＩが自律的に公平な判断をくだしていると思い込んでしまう。よくいわれる「ＡＩとの共生」といった安直なスローガンは、この場合きわめて危険なものとなる。

これはＡＩ倫理における最大の論点の一つといえる。ＡＩの乱用や暴走にたいする防止策としては、ボトムアップの集合知によって、監視選別やスコアリングのやり方に個

図2｜総合スコアリングによる人間の等級化

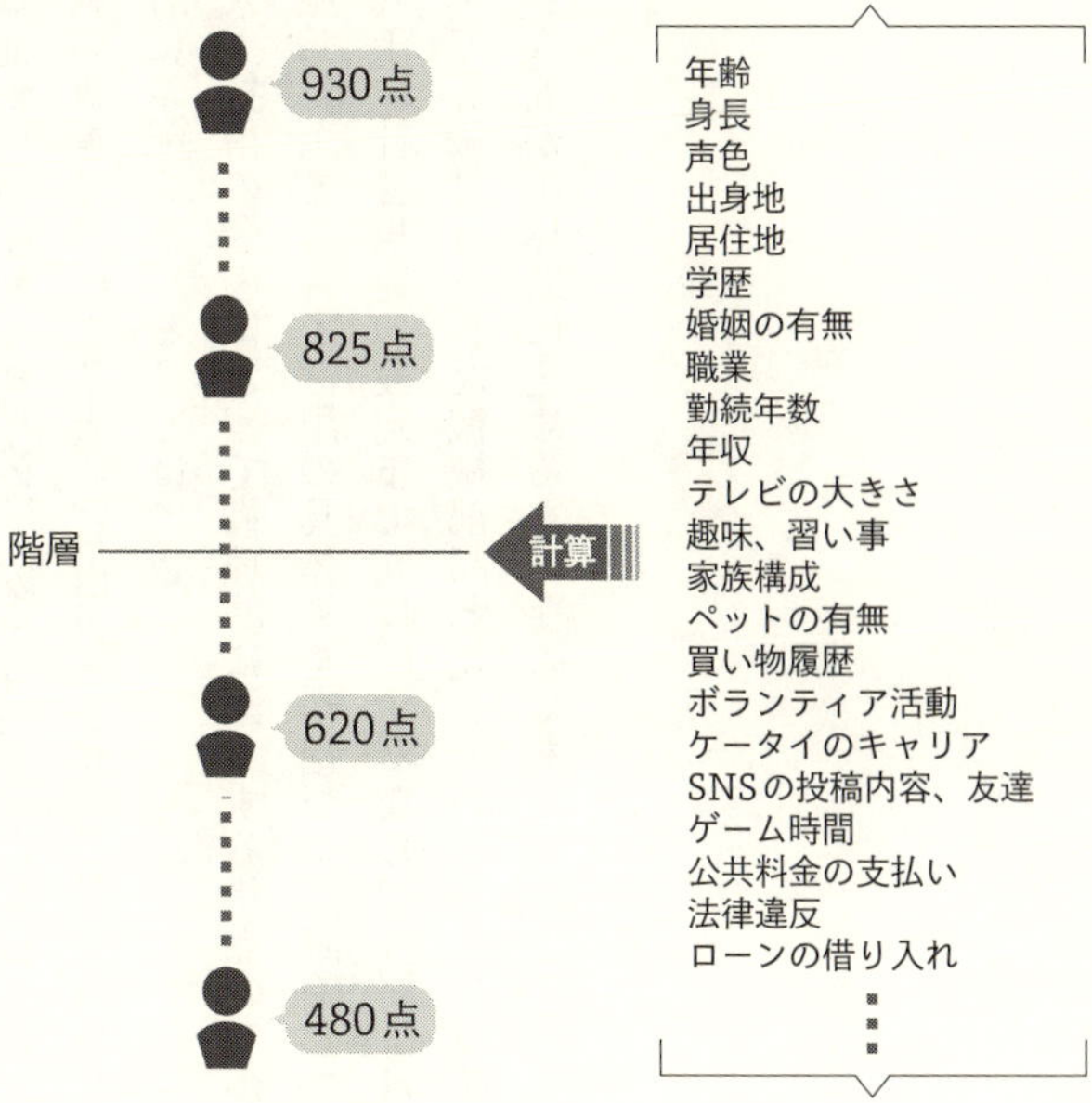

人の道徳観を反映していく他はない。そのためにはたとえば、企業や行政当局から独立した第三者機関をつくり、そこで、第四章にのべたN－LUCモデルを用いて社会規範の在り方を検討していく、といった方法が考えられる。このモデルの具体的な使用例について本書でのべる紙幅はないが、詳しくは拙著『ネット社会の「正義」とは何か』を参照していただきたい[8]。

人々の監視選別をめぐっ

ては従来、集団的な利便性／安全性の向上（功利主義／共同体主義）と、個人の自由／権利の尊重（自由平等主義／自由至上主義）とが、長らく火花を散らしてきた。たやすく一方に軍配をあげることはできない。

ＡＩ技術の登場によって倫理的に浮上する諸点のなかで肝心なのはまず、ＡＩ信仰を克服した上で、ＡＩ活用の具体策を辛抱づよく議論していくことだろう。ＡＩに社会規範の設定まで丸投げするなら、人間は自由も尊厳も奪われ、怪しげなスコアで等級付けられた機械部品と化していく。社会規範とはあくまで、生きているわれわれ人間が主体的に定めるものなのである。

第七章　ＡＩによる創作

新たな芸術の予感!?

ＡＩ芸術とは

ＡＩと創作活動との結びつきは古典的なテーマである。第一次ＡＩブームの頃からあり、最近始まったことではない。

一九六〇年代には、すでに「ＡＩが創造性を有している」という人目をひく主張があちこちでなされた。有名なのは、アメリカのベル研究所にいたＡ・マイケル・ノルがピエト・モンドリアンの抽象絵画をシミュレートするプログラムを開発し、模造品を作ったことである。(1) モンドリアンは、いわずとしれた抽象絵画の創始者の一人であり、水平と垂直の線分による絵画を数多く創作したが、その線の引きかたや空白の設けかたを参照して、ノルは本物に似た線分を描くプログラムを開発したのだ。出力された模造品は、多くの人が本物との区別ができなかったという。

また、第二次ブームの一九八〇年代にも、コンピュータがバッハ調の音楽の作曲をし始めた。ＡＩによる作曲としてはいまでもバッハ調が人気である。

第三次ブームの二〇一六年には、ＡＩを使って作風をまねたレンブラントの「新作」が作られ、話題になった。これはレンブラント作と思われる三四六個の作品を３Ｄスキャンで読み込み、深層学習も用いてそれらの絵画の特徴を抽出し、顔や鼻のバランスも計算したうえで３Ｄプリンタを使って肖像画を出力した試みである。(2)実に一三層にもわたってインクが塗り重ねられ、油絵の具で塗り重ねたような起伏までもが再現されている。今回はレンブラントだったが、同じ手法を使えば、フェルメールやゴッホ、ピカソの「新作」も作ることができるだろう。

有名な芸術家の作品の模倣だけではない。ＡＩによって作品の一部分を他と入れ替え続ければ、まだ人間がやったことのない組み合わせも実現可能である。たとえばレンブラントとゴッホの絵の要素を大量に組み合わせれば、そのなかから、人間を感動させる珍しい作品が出てくる可能性もあるかもしれない。

ＡＩを、二〇世紀前半に流行ったシュルレアリスムと関連づけることもできる。シュルレアリスムは、対象を日常あるべきところから引き離し、異質なものと偶発的に出会わせることを執拗に追い求めた芸術運動だった。ロートレアモン伯爵の「手術台の上のミシンとこうもり傘の出会いのように美しい」という、あのシュルレアリスム運動を象徴する言葉を想い出して頂きたい(3)。われわれの思考や表現は、知らず知らずのうちに常識に縛られている。ＡＩは、膨大な計算量やデータ量を背景に、各種アルゴリズムを連動させ、人間の凝り固まった表現に縛られない新奇な何かをもたらすポテンシャルをもつ。ゆえにＡＩは、芸術創作活動において、従来にない表現形式への道を拓くのではないか、という主張が表れるのである。

そもそも、昔から技術と創作活動との関係は深い。紙であれペンであれインクであれ、創作活動はなかば不可避的に道具と一体化するからだ。たとえば、一九世紀に大量生産された鉄とガラスは、さまざまな駅や図書館、教会などの建築素材となった。鉄やガラスの精密な加工技術がなければアールヌーボーもアールデコもない。

また映画は、技術的変化と作品が不可分にむすびついた好例である。トーキーやカラー映画、さらにCGなどのデジタル化技術を想起すれば明らかだろう。技術によって表現が拡張され、創作物が変化するのである。

一般論だが、AIによって、人間がこれまで気づかなかった対象に気づく機会が増えていくことも考えられる。望遠鏡や顕微鏡は、われわれの視野をひろげ、認知機能を拡張した。これまで見えなかったものが、見えるようになったわけである。写真機について、かつてヴァルター・ベンヤミンは『図説 写真小史』で次のように述べた。

カメラに語りかける自然は、肉眼に語りかける自然とは当然異なる。異なるのはとりわけ次の点においてである。人間によって意識を織りこまれた空間の代わりに、無意識が織りこまれた空間が立ち現れるのである。たとえば人の歩き方について、大ざっぱにではあれ説明することは、一応誰にでもできる。しかし〈足を踏み出す〉ときの何分の一秒かにおける姿勢となると、誰もまったく知らないに違いない。写真はスローモーションや拡大といった補助手段を使って、それを解明してくれる。こうした視覚における無意識的なものは、写真によってはじめて知られる。(4)

写真は、光の感度を変えたりシャッタースピードを変えたり、ズーミングをしたりして、人間の肉眼とは違った「見え（視覚情報）」をもたらす。ベンヤミンは、それを「無意識」と表現しているのである。AIは、人間の情報生成とは違った処理をしているため、認知および表現の拡張としてAIを捉えれば、従来と異なる芸術を作り出せる可能性を秘めているとも言える。

人間とAIによる共同創作

しかし、だからといって「AIのオリジナルな創作」という概念を軽々しく主張するのは、あまりに単純ではないだろうか。まずAIの処理メカニズム、そして人間との関係に注目しなくてはならない。

AIが出力する創作物はあくまで、人間が創作した芸術作品や文章といったデータを要素に分解し、出現頻度や相関関係などから、多数の要素を組み合わせるだけのものが大半だ。すなわち、要素還元主義的発想であり、絵画であれば色や曲線の数、音楽であれば「ド」「レ」の音の数などを分析して確率論的に組み合わせているにすぎないのである。

ＡＩが利用し処理するデータそのものは、コンピュータが創ったわけではない。これまでの人間の作品の蓄積である。クラシック音楽やロック、浮世絵、短歌や詩などといった芸術形式も、そもそも人間の精神的／肉体的な活動が生み出したものである。だから、たとえＡＩの作品に独特の身体感覚や人生観に基づいたメッセージ性が感じられたとしても、それは、ＡＩが学習した作品群に人間の創作者の想いが詰まっているからなのだ。つまり、ＡＩ創作の素材となっている作品にはもともと、人間特有の怒りや喜び、悲しみ、寂しさ、驚きといった感情が埋め込まれている。それらが組み合わされるのだから、メッセージ性が表れても不思議ではない。ＡＩそのものが独自のメッセージ性をもつと断定することはできないのである。

また、作品の選出や評価をしているのはＡＩでなく人間だ、ということも忘れてはならない点である。ＡＩがつくる大量の出力結果の中から、美的価値をもつ優れた作品を選び出しているのはやはり人間なのだ。ＡＩが人間と別次元の独自の評価尺度に基づいて作品を作っているわけではない。「ＡＩが絵を描いた」という表現をよくマスコミで見かけるが、まるで人間がいなくともＡＩがひとりでに芸術的価値のある作品を描いたような印象を与えるのは、誇大宣伝と言わざるをえない。

むろん理論的には、ＡＩがそれ自身の美的判断や芸術を生み出すという考えもありうるだろう。だが、現在のところ、ＳＦの域を出ていない。「意味」を生み出すのは生物のみなのであり、そこに美的価値が見いだされるのだ。決してＡＩのみで芸術が完結することはない。つまり「ＡＩプラス人間」、両者の協働という枠組みを度外視することはできないのである。

さて、以上のような前提を念頭においたうえで、ＡＩ創作は近未来にいかなる文化的影響力をもつだろうか。

ＡＩは、創作活動をおこなう人間のアーチストにとって実に強力なツールだ。商業的に売れた作品を統計的に分析し、それをもとに創作することが可能になるからである。

ネット配信の動画であれば、視聴者がどこで停止ボタンを押し、どこで早送り／巻き戻しをしたか、どのような俳優の表情やシーンを好むかを分析し、動画の制作に活かすことができる。

これは電子書籍でも同様だろう。どこで線が引かれ、どの箇所で読むのが止まったのかを分析すれば、多くの人々が面白がるような、読みやすいストーリーや文章を定量的に可視化することができる。小説のテーマ設定やタイトル、登場人物の描き方にまで影響を与えていくだろう。これまで経験や勘に頼っていた売れ筋のフィクションの作り方を、明確に数量化して把握できることになる。また、AIによって検索語やアクセス数、つぶやきといったビッグデータを分析し、社会のトレンドをとらえることも可能である。したがって、社会的流行にいち早く反応し、商機を逃さず小説や番組制作などに活かしていくアーチストも出現するのではないか。

このことは負の側面ももっている。AIを駆使した創作が増えていくと、商業主義的な成功ばかりが追求され、表現が固定化・硬直化しやすいからだ。AIがもたらす作品は、よくある典型的なパターンの抽出にもとづくため、平凡なものになりやすい。

ところで他方、これを逆手にとるアーチストが出現する可能性もある。陳腐な表現パターンが明確になるので、そこから離れて距離をとり、別の斬新な表現を模索するわけだ。もしかしたら、AIをメディアとして巧みに利用しながら、人々を異次元で感動させる作品を作る人物こそ、AI時代に期待される真のアーチストなのかもしれない。

ただしここで、プロのアーチストにとって、より身近な危惧を指摘しておきたい。もっとも懸念されるのは、今後、アーチストやデザイナーが作曲／描画などの作品制作だけでは生計を立てられなくなる恐れがある、ということである。というのも、AI

は短時間に大量の作品を作りだすからだ。作曲もデザインも同様である。AIは音の高低やリズムを変え、一日に何百〜何千曲も作曲できる。ロゴについても、デザインや業種を選ぶと、何百ものテンプレートからあっというまに作ることができるのだ。
また、AI作品に高価な値段がつくこともある。GAN（敵対的生成ネットワーク）という深層学習の手法によって作られた肖像画には、二〇一八年のオークションで約四九〇〇万円の値が付いた。肖像画一万五〇〇〇点を読み込み、自動生成させた肖像画が予想をはるかに上回った破格の金額で売れたのである。[5]
このような動向が広がるのは、大きな脅威ではないだろうか。芸術活動にたずさわる多くのアーチストたちが、コンピュータの大量かつ安価な作品製造能力に負けて、AI時代に働き口がほとんどなくなってしまうとしたら、それは不幸なことと言えるだろう。

視点を一八〇度転換すれば

エセ芸術製造機

以上のべたように、AI創作については多様な見方ができる。論点を以下にまとめてみよう。

ＡＩによる絵画、音楽、文学作品などの創作には、トランス・ヒューマニストが主張するように、人間のアーチストを超越した凄い作品ができるという期待もあるかもしれない。だが一方、それに対する激しい反論も考えられる。

いずれにせよ、芸術は個人の精神活動にともなう表現行為であり、作品は作者の名前を冠して世の中に出ていくものだとすれば、関連する倫理的な社会規範は原則上、ボトムアップで個人の道徳観から決められていくはずだ。この点は、同じＡＩ応用分野でも、社会規範がおもにトップダウンで与えられる自動運転や、それがトップダウンとボトムアップのせめぎあいで決まっていく監視選別とはかなり性格が異なっている。

ここで、問われるべき倫理的テーマは明らかだ。ＡＩがまるでアーチストのように創作活動をおこなうというＳＦ的ストーリーは現実化するのか、仮にそれが現実化したときいったい倫理的にどう判断し対処すべきか、ということである。以下、本節では、否定と肯定の両面から考えていきたい。

常識的には、否定的な議論となるのは当然だろう。もともとＡＩに、オリジナリティが尊ばれる芸術作品の創作などできるはずはない。第一部の理論編で詳しくのべたように、ＡＩとは人間のつくったプログラム通りに動いている他律系である。自由意思にもとづいて創作活動をするのがアーチストだとすれば、その必要条件である生物的自律性をＡＩはもっていないのだ。とすれば「ＡＩ創作」など、はじめから虚言だということになる。

創作活動は矛盾にみちた情動（感情）にもとづいておこなわれるものだ。矛盾をはらむ情動が生命的衝動から生まれてくるとすれば、ＡＩにそんなものが無いのは明らかではないか。ＡＩは基本的に論理整合性をもつプログラムにすぎない。

かみ砕いて説明しよう。

第一に、芸術作品とは、所与のルールにもとづいて形式的にデータを処理することで得られるものではない。仮にそうだとすれば、アーチストは一定のペースで作品を産み出すことができるはずだし、処理スピードがあがれば効率よく芸術作品を製造できるはずだ。

しかし、芸術創作活動の歴史は、そうでないことを実証している。アーチストは短期間で集中的に多数の傑作をつくることもあれば、逆にまったく作品をつくれない不毛な時期が長くつづくこともある。なぜなら、創作行為はアーチストの生活体験に根差しているからだ。アーチストをとりまく環境条件も創作行為に多大な影響をあたえる。環境や時代の変化でアーチストの身体感覚が刺激され、爆発的に創作がおこなわれる場合もあるし、また逆に全く創作できなくなる場合も稀ではない。

つまり、アーチストの意識の水面下で盛んに生命活動がおこなわれており、そこからまるで氷山の一角のように出現するのが芸術作品というものなのだ。とすれば、AIによる創作、つまり絵を描いたり、作曲をしたり、文学作品をつくったりするコンピュータの作動が、アーチストの生命活動からかけ離れていることは明らかだろう。

第二に、AI創作の方法論が、ルネサンス以降の近代芸術の理念と正反対であることも指摘する必要がある。

近代芸術は、従来の作品にない斬新な作風をもっていなければ認められない。過去の作品に類似した美しい作品をいくら上手につくっても、高い評価をえることはできないのだ。だからこそ、アーチストは自らの生活体験を肥やしにして、血のにじむ努力を重ね、独創性のある作品を創り出そうとする。努力しても作品のできない時期がつづくのは、そういう近代芸術特有の事情があるためである。剽窃や模倣は、近代芸術でもっとも卑しまれる行為にほかならない。

ところがＡＩ創作は逆に、剽窃と模倣から成り立っている。つまり、既存の作品をデジタルデータ化し、ルールにしたがって編集処理することで作品をつくりあげる。まともなアーチストには決して許されない行為を、機械を使うならよいだろうとコンピュータにやらせるのが、今のＡＩ創作なるものの実態なのである。

ＡＩによるバッハの模倣作品が知られているが、筆者は実際に聴いたことがある。ＡとＢという二つの曲を聴き比べ、どちらが本物のバッハの作品かと尋ねられた。Ａは実にバッハらしい展開と荘重な格調をもっていた。Ｂはあまりバッハらしくない軽快で明るい曲だった。筆者は質問者の意図がわかったが、あえてＡがバッハの作品だと答えた。間違えることでかえって、ＡＩ創作の底の浅さや欺瞞性をえぐりだせると思ったからである。

むろん、正解はＢである。ＡＩはバッハの代表的な名曲の譜面を細かく分析し、それらを継ぎ合わせてＡという曲をでっちあげた。だからＡがバッハ作品の典型的な雰囲気をもつのは当然である。ところでバッハも、いつも同じような作品ばかりをつくるのは飽きただろうし、変わった曲風も試したはずだ。中にはあまり成功せず有名にもならなかった作品もある。Ｂはそんな曲の一つだったのだろう。

出題者は、ＡＩプログラムが同様の曲を一日で何千〜何万曲もつくりだせると自慢していた。ていた。確かにそうだろう。作品数はコンピュータの処理速度に比例するし、ハードウェアの性能はどんどんあがっている。だが、つくられる作品群はすべて、残念ながら近代芸術的にはまったく無価値なしろものなのだ。

バッハの曲だけではない。レンブラントやモンドリアンの絵画でも同じことである。繰り返し強調するが、現在のあらゆるＡＩ創作は基本的に、既存の作品の断片の継ぎはぎであり、剽窃にほかならない。モンドリアンの抽象画など、ＡＩは簡単に模倣できるだろう。バッハやレンブラントが偉いのは、それまで無かった「バッハ風」「レンブラント風」の独自な世界を新たに切り拓いたからなのである。

いかに込み入ったプログラムを駆使しようと、既存の作品の剽窃によってできあがった創作物にはオリジナリティなどなく、知的財産権など認められない。下手をすると、模倣されたアーチストから、盗作や改竄だとして訴訟をおこされる恐れもある。

とすれば、マスコミが騒ぎたてるＡＩ創作には、いったいどんな意義があるのか。もの珍しさ以外に何があるのだろうか。

一つの解答は、商業的成功である。いかに近代芸術的には無価値であっても、人々の心を惹きつける作品ならば、それはお金もうけにつながる。メディア産業にとっては、ＡＩが手軽に売れる作品をつくってくれればまことに好都合なのだ。

繊細なアーチストの機嫌をとるよりも、安いコストで売れる作品を量産してくれるＡＩを使うほうが、利潤追求のためには効率がよい。仮にアーチストから盗作の訴訟をおこされたところで、プログラムは複雑だし、アーチストや法律家はＡＩの専門家ではないから立証は難しいはずだ。ＡＩ創作を研究する専門家はそこにビジネス・チャンスを見出しているのではないだろうか。

したがって、近代芸術の理念からすれば、もしＡＩの創作物が一般の人々に受け入れられるとしたら、それはきわめて悲しむべきことだと言えるかもしれない。前節の末尾でのべたように、作品は売れなくなり、アーチストの生計は脅かされるだろう。ＡＩの創作物は模倣の塊だから、いわゆるマンネリズムが広がり、オリジナリティは貶められることになってしまう。

アーチストが変わる⁉

こう考えてくると、ＡＩ創作には、倫理的に見て何ひとつ長所は無いような気がしてくる。利潤第一のメディア産業と一体化したＡＩが、次々に陳腐で俗悪なエセ作品を産み出し、芸術的感性は枯渇するということになる。

これは常識的には的を射た否定論であり、ＡＩが芸術家になるというバラ色の夢で舞い上がる前に、われわれが注意しなくてはならない点である。ＡＩ創作はすなわち「近代芸術の死」をもたらすのだ。

しかし、ここで視点をかえると、まったく別の肯定的な可能性が見えてくるのではないだろうか。

肝心なのは、創作をおこなうＡＩそのものの側ではなく、ＡＩの創作物を受容する人間の側、とくにアーチストの側へと、視点を一八〇度転換することである。このとき、極端にいえば、人間と機械の要素がからみあった、新たな芸術文化活動の兆しがＡＩ創作を通じて浮かび上がってくるかもしれない。本書では最後に、肯定的な議論をのべてみよう。

ＡＩロボットに心があり、それが芸術作品を創り出すということは、本書の冒頭にのべたようにＡＩロボットの疑似人格性をみとめるということである。そして、その必要条件が、ＡＩのとる行動の予測困難性であることも第二章で述べた通りだ。

十分条件ではないから、ＡＩの行動を予測できなくても人格性があるという結論にはならない。だが、ＡＩプログラムが複雑化し予測が難しくなるにつれて、多くの人々の心の中に、ＡＩが人格をもつのではないかという「気持ち」が芽生えてくることは大いにありうる。多様な観察者の内部に、多様な世界が立ち上がるのだ。

そしてこの疑似人格性という幻想は、ＡＩが自動運転や監視選別をおこなうときは危険をもたらすが、創作をおこなうときは逆に、肯定的にはたらく可能性もあるのではないだろうか。

人形などの非生命体に命が宿り、それと対話するというオハナシは洋の東西をとわず幾らでもある。万物に霊魂をみとめる古来のアニミズムばかりとは限らない。人間だけに理性を認め動物などすべては機械だと断定したあの合理主義者デカルトでさえ、その自動人形のエピソードは有名である。(6)

デカルトにはフランシーヌという幼い娘がいたが、彼女が死んだのち、そっくりの自動人形をつくらせて溺愛したという。本来その哲学では人間の肉体は機械仕掛けということになるのだが、デカルトは自動人形のメカニズムの中に、愛する娘の魂を再発見したのだろうか。いや、そうではなく、虚構だと十分わかっていても、否応なくそう信じ込みたかったからに違いない。そこが人間の不可思議なところである。

同じような心のありさまは、たとえば初音ミクに代表される現代のバーチャルアイドルにも共通なのではないかと思われる。熱狂する若者たちは、合成された歌声と映像が虚構だと論理的に批判されても全く動じないだろう。バーチャルアイドルは、彼らにとって、いくら理屈のうえで虚構であっても、現実の少女をこえた感覚的なリアリティをもっているのだ。

とすれば、日々苦労しながら芸術活動をおこなっているアーチストたちが、AIロボットと対話したり、AIの創作物にふれたりすることで、おそろしく新鮮な刺激をうけることも十分ありうる。その結果、AI時代には、従来にない奇抜な創作空間が出現するかもしれない。

現在のAIが、これまでにないほど精緻な論理をもとにデータを処理できることは確かである。たとえば、アーチストが自分の作品をAIにインプットし、それをAIが編集加工して出力する。それを受けて、またアーチストが作品をつくりなおし、ふたたびAIにインプットする。そういう対話をくりかえす中で、自分のなかに眠っていたイメージを発見して衝撃をうけたり、その結果これまで試したことのなかった新しい表現形式を構築したりする可能性はけっして小さくない。

ちなみに、囲碁や将棋の名人にＡＩが勝ったというニュースは本来、プロの棋士が、ＡＩとの練習試合を通じて、思いがけない妙手を思いつく可能性がひらけるという意味で興味深いのである。つまり、ＡＩを介して人間が、従来の定石にはない指し方を発見できるというわけだ。おそらく今後、ＡＩ相手にトレーニングを積んだ棋士はかなり強くなるのではないか。

意地悪く言えば、もともと囲碁や将棋、チェスのような有限状態ゲームでは、一秒に何億回もの演算能力をもち長大な経路探索のできるコンピュータが人間より強いのは当然の話なのである（囲碁や将棋では状態数が天文学的なので、最適経路の発見が非常に難しいことは確かだが）。そんなことでＡＩが頭脳明晰だと信じ込むのは全くの見当違いだが、トレーニング用ツールとしては非常に有効だと断言できる。

プロの棋士は、勝利ないしこれに準じる盤面（状態）までの経路をしらみつぶしに探索したりせず、直観的に好手を思いつく。おそらく棋士の内面の中には、論理と感性がからみあった複雑な迷宮のようなものがあり、そこから好手をひねり出すのだろう。

アーチストの創作にもそういう面がある。つまり、自分でもよくわからない、込み入った心の襞のなかのイメージのダイナミックスと格闘しながら、何とかしてある静的な表現へ収斂させていくのが芸術的創作活動というものだろう。とすれば、その過程で、AIがまるで乱反射する鏡のように内面世界を映し出し、絵画でも音楽でも文学でも各分野のアーチストの創作活動を支援することは、幾らでもあるのではないか。

AIは以前からそういう可能性をはらんでいた。その系譜をどこまでもたどると、ルネサンス・ネオプラトニズムにまで行きつく。一九九〇年に刊行した拙著『秘術としてのAI思考』で、筆者はつぎのようにのべた。

根源的な迷宮性は、もともと我々の〈頭脳＝内部記憶システム〉のうちに潜んでいる（中略）人間の思考と記憶のメカニズムのなかに、「形式化にむかうダイナミズム」が巣食っている。機械的で時空不変的（time-space invariant）な概念構造を介さないかぎり、我々はみずからの記憶の断片を編集することができないし、みずからの世界像をつくりあげることもできない。（中略）人工知能コンピュータは我々人間の外部に存在するわけではない。それは、「我々のうちなるもの」である。（中略）〈頭脳＝内部記憶システム〉の一部をついに外に出した〈外部記憶システム〉こそ、人工知

能コンピュータというしろものに他ならないのである。(7)

アンドレ・ブルトンら二〇世紀初めのシュルレアリストたちは、無意識の世界を探検するためにオートマティスム（自動筆記）という試みをおこなったが、その後一世紀をへて、現在のＡＩは、自分の心の内奥を探るための、はるかに高度で精緻きわまるツールをアーチストに提供しているとも言えるのである。

以上のように、ＡＩはアーチストの創作ツールとなりうるが、それだけではない。アーチストがＡＩと対話しながら創作するという行為は、「孤立したアーチストが芸術作品を創作する」という近代芸術の前提さえも変えていくかもしれない。

考えてみよう。アーチストＡがＡＩと対話する過程で、ＡＩが別のアーチストＢの心を打つ作品を出力したとする。そして、Ｂがそれに影響されてＡＩにデータを入力し、その結果、ＡＩが新たな作品を出力したとする。それに影響されてＡがまたＡＩにデータを入力し……という過程をくりかえして、最終的に傑作がうまれたとしよう。このとき、傑作の作者はＡとＢのどちらなのだろうか。

アーチストＡとＢの共同作品というだけではなく、そこにはＡＩが介在している。Ａ

Ｉが自ら主体的に創作に参加したのではないが、ＡＩプログラムの設計者や製作者が参加しなかったとは言えない。さらにそのＡＩプログラムが、大規模なネットワークを形成しているとすれば、関係者はどこまでも広がっていくだろう。できあがった傑作は、一種のグループ作品となるのである。

さらに、こういうグループ作品がインターネットをベースにつくられるとき、プロのアーチストだけでなく、アマチュアがどんどん参加してくることも考えられる。芸術作品をつくるには職人的な技術が必要だが、ＡＩは編集技術の提供によってその敷居を低くする。ＡＩは、プロのアーチストを刺激するだけではないのだ。

したがって今後、無名のアマチュアたちが、傑作をうみだす作業に続々と参加する、という可能性もけっして低くはない。このことは、鍛え抜かれた少数のプロ・アーチストだけが強大なメディア産業の支援をうけて世の中に作品を発表し、そのプロセスで巨額のマネーが動く、という近代芸術のありさまを抜本的に変えるかもしれない。仮にそうなるとしたら、いったい誰がそれを倫理的に断罪できるだろうか。

ＡＩと創作活動について、倫理的観点から以上のべてきたことをまとめておこう。

ＡＩは近代芸術の息の根をとめる強烈な毒をはらんでいる。だが一方でそれは、近代芸術を一挙に革新するツールともなりうるのだ。

第六章

（1）HR Technology Conference は1997年に作られ、HR Technology Conference & Expo は年１回のペースで開催されている。
（2）Hansell, S. “Google Answer to Filling Jobs Is an Algorithm”, *The New York Times*, 2007. 1. 3
（3）詳しくは次の文献を参照。労務行政研究所（編）『HR テクノロジーで人事が変わる』労務行政、2018年
（4）山谷剛史「中国信用社会に向けたネットの取り組み」『KDDI 総合研究所調査レポート R&A』2018年
（5）于瑛琪「「信聯」の誕生で個人信用情報業界が規範化へ」『三菱東京UFJ 銀行（中国）経済週報』第388号、2018年
（6）「保険審査に遺伝情報使わず　差別懸念に対応、生保協会が指針策定へ」『sankeibiz』2019年４月９日
（7）山本龍彦『おそろしいビッグデータ』朝日新書、2017年
（8）前掲『ネット社会の「正義」とは何か』第五～六章

第七章

（1）Noll, M. A. “The Digital Computer as a Creative Medium”, *IEEE Spectrum*, vol. 4, no. 10, 1967
（2）手法については、「THE NEXT REMBRANDT（https://www.nextrembrandt.com）」のウェブサイトなどに詳しい。
（3）ロートレアモン伯爵『マルドロールの歌』藤井寛訳、福武文庫、1991年
（4）ベンヤミン，W.『図説 写真小史』久保哲司訳、ちくま学芸文庫、1998年、17～18頁
（5）サイモナイト，T.「AI が描いた肖像画は、こうして43万ドルの高値がついた」『WIRED』オカチヒロ訳、2018年11月29日
（6）澁澤龍彦『少女コレクション序説』中公文庫、1985年、39頁
（7）前掲『秘術としての AI 思考』209頁

（6）同上『環境倫理学のすすめ』には、環境倫理の主張が生命倫理との比較において明快に整理されている。
（7）前掲『続　基礎情報学』第一章を参照。

第二部

第五章

（1）「文字通りの〝自動車〟ロボット運転で事故なくす」『読売新聞』1958年12月18日
（2）World Health Organization "Global status report on road safety 2018", 2018
（3）「京阪、京都市営バス受託撤退　路線バス、都市部でも難路　運転手不足、さらに深刻」『日本経済新聞』2018年12月３日
（4）高度情報通信ネットワーク社会推進戦略本部・官民データ活用推進戦略会議「官民ITS構想・ロードマップ2018」2018年
（5）「無人運転　横浜で実験　日産・DeNA　スマホで呼び出し、支払い」『読売新聞』2018年２月27日
（6）Federal Ministry of Transport and Digital Infrastructure "Ethics Commission's complete report on automated and connected driving", 2017
（7）Future of Life Institute "Research Priorities for Robust and Beneficial Artificial Intelligence: an Open Letter", 2015
（8）「テスラ車が衝突事故、運転支援の作動中か、カリフォルニア」『日本経済新聞』2018年５月30日
（9）警察庁「自動走行システムに関する公道実証実験のためのガイドライン」2016年
（10）World Forum for Harmonization of Vehicle Regulations "Proposal for draft guidelines on cyber security and data protection", 2017
（11）「無人カート、公道を自動走行　搭載カメラの画像で遠隔操作も　輪島で実証実験」『朝日新聞』石川全県・地方面、2017年12月19日
（12）現実には、衝突事故が避けられない場合、死傷者数を最小化するようなルールが組み込まれる公算が大きい。
（13）フランスのベンチャー企業が開発した「ナビヤ・アルマ（Navya Arma）」がよく知られている。

(20) 同上書、53頁
(21) 同上書、194頁、196頁
(22) 同上書、40頁
(23) 同上書、42頁
(24) 同上書、132～133頁
(25) 同上書、239頁
(26) 同上書、128～129頁
(27) フロリディ，L.「情報倫理の本質と範囲」西垣通訳、前掲『情報倫理の思想』所収
(28) 同上論文、60頁
(29) 同上論文、76頁
(30) カプーロ，R.「情報倫理学の存在論的基礎づけに向けて」竹之内禎訳、前掲『情報倫理の思想』所収
(31) 同上論文、110～113頁
(32) 同上論文、127頁
(33) Nishigaki, T. & Takenouchi, T. "The Informatic Turn: Who Observes the Infosphere?", Journal of Socio-Informatics, vol.2, no.1, Sept. 2009.
(34)「情報倫理の本質と範囲」、前掲論文、81頁

第四章

（1）基礎情報学の近年の研究成果は次の文献にまとめられている。西垣通（編）『基礎情報学のフロンティア』東京大学出版会、2018年。西垣通＋河島茂生＋西川アサキ＋大井奈美（編）『基礎情報学のヴァイアビリティ』東京大学出版会、2014年
（2）西垣通『ネット社会の「正義」とは何か』角川選書、2014年、181～184頁
（3）アロー，K. J.『社会的選択と個人的評価（第三版）』長名寛明訳、勁草書房、2013年
（4）周知のように、アローの定理で集団の選好関係が決定できなくなるのは、選択肢が三つ以上の場合である。効用関数をもちいた選択の詳しい方法については、前掲『ネット社会の「正義」とは何か』177～190頁を参照していただきたい。
（5）自由至上主義に反対する生命倫理もあるが、本書ではふれない。詳しくは、加藤尚武『環境倫理学のすすめ』丸善ライブラリー、1991年を参照。

第三章

(1)「意味」を再定義して、コンピュータによるデータ処理という行為と結びつければ、コンピュータもそれなりの意味処理をしているという見方も不可能ではない。コンピュータにとって「データ（記号）のもつ意味」とは、「プログラムにより定められたある機能を果たす指令」のことなのである。とはいえ、本書でいう「意味」とはあくまで、たとえば電子メールの文章の内容のような、人間にとっての意味のこととする。
(2) 西垣通『秘術としてのAI思考』ちくまライブラリー、1990年（『思考機械』と改題後、ちくま学芸文庫、1995年　に収録）などを参照。
(3) ウィノグラード，T.＋フローレス，F.『コンピュータと認知を理解する』平賀譲訳、産業図書、1989年
(4) ボストロム，N.『スーパーインテリジェンス』倉骨彰訳、日本経済新聞出版社、2017年
(5) 同上書、45頁、59頁
(6) 同上書、84頁
(7) 同上書、47頁
(8) 同上書、115頁
(9) 同上書、59頁、551頁
(10) 同上書、551頁
(11) 同上書、557頁
(12) ハラリ，Y. N.『ホモ・デウス　上下』柴田裕之訳、河出書房新社、2018年
(13) 同上書、上巻、106～107頁
(14) 同上書、下巻、242頁
(15) 同上書、上巻、69頁
(16) たとえば、ケリー，K.『〈インターネット〉の次に来るもの』服部桂訳、NHK出版、2016年　などを参照。
(17) フロリディの情報倫理学者としての業績や位置づけについては、西垣通＋竹之内禎（編著訳）『情報倫理の思想』NTT出版、2007年　などを参照。
(18) フロリディ，L.『第四の革命』春木良且＋犬東敦史監訳、新曜社、2017年
(19) 同上書、66頁

にはこの国の研究成果がまとめられている。また、大谷卓史『情報倫理』みすず書房、2017年　は近年の動向について詳しい。

第二章

(1) 西垣通『AI原論』講談社選書メチエ、2018年

(2) マトゥラーナ, H. R. +ヴァレラ, F. J.『オートポイエーシス』河本英夫訳、国文社、1991年。このほか、オートポイエーシスについての詳細は、河本英夫による、『オートポイエーシス』青土社、1995年など一連の著作を参照。

(3) 西垣通『基礎情報学　正・続』NTT出版、2004・2008年。入門書として、西垣通『生命と機械をつなぐ知』高陵社書店、2012年　がある。

(4) ウィーナー, N.『サイバネティックス』池原止戈夫+彌永昌吉+室賀三郎+戸田巌訳、岩波文庫、2011年

(5) この学問的経緯については、次の文献を参照。『小特集　ネオ・サイバネティクスと21世紀の知』思想、1035号、2010年7月

(6) ネオ・サイバネティクスの簡潔なまとめとしては、次の文献を参照。クラーク, B. +ハンセン, M. B. N.「ネオ・サイバネティックな創発」大井奈美訳、西垣通+河島茂生+西川アサキ+大井奈美(編)『基礎情報学のヴァイアビリティ』東京大学出版会、2014年　所収

(7) 原島大輔「階層的自律性の観察記述をめぐるメディア・アプローチ」、西垣通(編)『基礎情報学のフロンティア』東京大学出版会、2018年所収

(8) シャノン, C. E. +ウィーバー, W.『通信の数学的理論』植松友彦訳、ちくま学芸文庫、2009年

(9) 前掲『ビッグデータと人工知能』第二章を参照。

(10) 西洋の形而上学の定義については、たとえば、メイヤスー, Q.『有限性の後で』千葉雅也+大橋完太郎+星野太訳、人文書院、2016年　の第二章を参照。

(11) カーツワイル, R.『ポスト・ヒューマン誕生』井上健(監訳)、小野木明恵+野中香方子+福田実共訳、日本放送出版協会、2007年

(12) 同上書、20頁

(13) 同上書、19頁

(14) 同上書、242〜248頁

(15) 同上書、27頁

(16) 同上書、33頁

注／参考文献

第一部

第一章

(1) 実際には、ANDとORとNOTを全て実現できる「NAND」回路が多用される。
(2) 第一〜二次ブームのAIの技術的詳細は、次の文献を参照。バール，A.＋ファイゲンバウム，E. A.＋コーエン，P. R.（編）『人工知能ハンドブック　I〜III』田中幸吉＋淵一博監訳、共立出版、1983〜1984年
(3) 淵一博＋赤木昭夫『第5世代コンピュータを創る』日本放送出版協会、1984年
(4) 人工知能学会（監修）＋神嶌敏弘（編）『深層学習』近代科学社、2015年
(5) 第一〜三次AIの特徴は、西垣通『ビッグデータと人工知能』中公新書、2016年　の172頁の図を参照して頂きたい。
(6) 西垣通『ネット社会の「正義」とは何か』角川選書、2014年
(7) ベンサム，J.「道徳および立法の諸原理序説」山下重一訳、『世界の名著（三八巻）ベンサム　J・S・ミル』中央公論社、1967年　所収
(8) ロールズ，J.『正義論（改訂版）』川本隆史＋福間聡＋神島裕子訳、紀伊國屋書店、2010年
(9) ノージック，R.『アナーキー・国家・ユートピア』嶋津格訳、木鐸社、1985・1989年
(10) 米国の公共哲学の分類と共同体主義の考え方については、次の文献を参照。サンデル，M.『これからの「正義」の話をしよう』鬼澤忍訳、ハヤカワ文庫、2011年
(11) サンデル，M.『それをお金で買いますか』鬼澤忍訳、早川書房、2012年
(12) この分野のすぐれた啓蒙書として、ジョンソン，D. G.『コンピュータ倫理学』水谷雅彦＋江口聡監訳、オーム社、2002年　があり、水谷雅彦＋越智貢＋土屋俊（編著）『情報倫理の構築』新世社、2003年

図表作成・本文ＤＴＰ／市川真樹子

ラクレとは…la clef=フランス語で「鍵」の意味です。
情報が氾濫するいま、時代を読み解き指針を示す
「知識の鍵」を提供します。

中公新書ラクレ
667

AI倫《りん》理《り》

人《じん》工《こう》知《ち》能《のう》は「責《せき》任《にん》」をとれるのか

2019年9月10日発行

著者……西垣《にしがき》 通《とおる》　河島《かわしま》茂生《しげお》

発行者……松田陽三
発行所……中央公論新社
〒100-8152 東京都千代田区大手町1-7-1
電話……販売 03-5299-1730　編集 03-5299-1870
URL http://www.chuko.co.jp/

本文印刷……三晃印刷
カバー印刷……大熊整美堂
製本……小泉製本

Published by CHUOKORON-SHINSHA, INC.
Printed in Japan ISBN978-4-12-150667-2 C1236

中公新書ラクレ　好評既刊

L489
教養としてのプログラミング講座
清水 亮 著

もの言わぬ機械とコミュニケーションをとる唯一の手段「プログラミング」。ジョブズら世界的経営者はみな身につけていたように、コンピュータが隆盛する今、世界中で通用し、求められるプログラミング技術は、もはや「教養」だ。この本は、成り立ちから簡単な作成、日常生活に役立つテクニックなどを、国認定「天才プログラマー」が解説。プログラマーの思考法を手に入れることを実現します。21世紀の成功者はどんな世界を見ているのか？

L594
統計は暴走する
佐々木 彈 著

「統計」の裏には必ず「意図」が存在することを私たちは忘れがちだ。しかしＡＩの存在意義が高まるこれから、必要なのは本当の意味で正しく統計を使い、読み解く力で、「統計学」こそ世界の共通言語になると筆者は主張する。そこで東大講義、「統計という『言語』の便利な使い方」をベースにした新書をここに。統計上では二酸化炭素は温暖化に、タバコは肺がんに関係ない？　それって本当？　あなたは隠された意図を見抜くことができるか！

L646
安彦良和の戦争と平和
——ガンダム、マンガ、日本
杉田俊介 著

『機動戦士ガンダム』の生みの親の一人であり、マンガ家として歴史や神話を題材にした傑作を世に問うてきた安彦良和。『宮崎駿論』などで注目される気鋭の批評家が20時間にわたって聞き取った、「ガンダム」の神髄とマンガに込められたメッセージとは？　２０１９年は『機動戦士ガンダム』テレビ放送開始から40周年。戦争・歴史マンガの多彩で豊饒な作品世界、日本の歴史、あの戦争、いまの社会——。40年を超える、過去から未来への白熱討論！